山我哲雄［著］

旧約聖書における自然・歴史・王権

教文館

編者まえがき

本書は、山我哲雄先生がこれまで発表してこられた数多くの学術論文の中から、五つを厳選した論文集です。先生は、欧米における最先端の研究を日本の読者に紹介するために膨大な数の訳書を手がけると共に、学術的な著述に精力的に取り組んでこられました。それらの中でも、特にモーセ五書に関する一連の論考は、既に『海の奇蹟――モーセ五書論集』（聖公会出版、二〇一二年）として出版されています。

二冊目の論文集となる本書では、旧約聖書における自然と人間、食物規定（カシュルート）、平和（シャーローム）の観念、旧約聖書の王権観に大きな影響を及ぼしたナタン預言の成立、そして中命記史書という旧約聖書の歴史記述に見られる王朝神学をめぐる論文をまとめました。これらの論文で取り扱われている主題は、いずれも旧約聖書の思想と文化の根幹に触れるものです。先生は、旧約聖書を隅々まで視野に入れて、一つ一つのテクストを丹念に分析されることで、聖書の神、人間、そして自然がそれぞれに密接に関わってこれらの観念を貫いているという事実を見事に論証されています。それは物事を俯瞰的に捉える側面と、個別のテクストを緻密に分析する側面、そしてそれらを組み合わせることで一つの総体としての観念を描き出す側面を併せ持つ、まさに先生が長年にわたる教育・研究活動を通じて磨き上げてこられた技術の結晶と言えるでしょう。聖書を初めて紐解く方々にとっては、聖書の世界への良き案内であり、聖書に長年親しんでこられた方々にとっては、旧約解釈学の最前線の手法と実践を知ることのできる一書です。

本書の刊行について、即座にご快諾いただいた教文館の渡部満社長、出版部の髙橋真人氏、組版と校正を担われた渡部布由子さんに記して感謝申し上げます。

山我哲雄先生は、一九九〇年にキリスト教学専任教員として北星学園大学に着任されて以来、三十年以上にわたって大学教育に携わってこられ、二〇二二年三月末日をもってご退職されました。本書の刊行によって、先生が迎えられた人生の大きな節目を祝すると共に、今後の益々のご活躍を祈願いたします。

二〇二二年四月

山吉　智久

目次

旧約聖書における自然と人間

はじめに

旧約聖書学や旧約神学の研究において、自然と人間の関係をめぐる諸問題は、これまで必ずしも中心的な主題をなしてきたとはいえない。思うにその原因の一つは、旧約聖書中の多くの文書が、もっぱら神ヤハウェとその民イスラエルの排他的関係に関心を集中し、特に「救済史(Heilsgeschichte)」や「災いの歴史(Unheilsgeschichte)」という形で、その関係の歴史的な意味やその歴史的展開を叙述の主たる対象にしているからでもあろう。[1] これに反し、自然はイスラエル民族と神ヤハウェとの特殊な関係には必ずしも直接的な関わりを持たない、普遍的な実在である。自然を前にすれば、イスラエル人であるか異民族であるかという区別は相対化される。マタイによる福音書五章45節の言葉をもじって言えば、「神は、イスラエル人の上にも異邦人の上にも太陽を昇らせ、雨を降らせる」のである。しかも、旧約聖書の中心潮流が、神の意志と行為の表現としての歴史の展開に注目するのに対し、自然は常住不変の時間を超えた存在として、いわば歴史というものを無化してしまう。このことは、旧約聖書の中でも珍しく、しばしば自然というものを正面から見つめた思想家コヘレトに、大きな無力感と空しさを感じさせるものであった（なおこのことは、コヘレトが、ある意味で救済史が挫折した時代に生きたこととも関係があろう）。

「太陽の下、人は労苦するが
すべての労苦も何になろう。
一代過ぎればまた一代が起こり
永遠に耐えるのは大地。
日は昇り、日は沈み
あえぎ戻り、また昇る。
風は南に向かい北へ巡り、めぐり巡って吹き
風はただ巡りつつ、吹き続ける。
川はみな海に注ぐが海は満ちることなく
どの川も、繰り返しその道程を流れる。

かつてあったことは、これからもあり
かつて起こったことは、これからも起こる。

太陽の下、新しいものは何ひとつない」（コヘ一3—7、9）。(2)

しかしながら、自然というものが、まさにそのような、特定の民族やその歴史を超えた無時間的で普遍的な実在であるだけに、あえて旧約聖書がその自然と人間の関係についてどのように語っているかを考察することは、旧約聖書的な意味での救済史を持たない時代——あるいは、旧約聖書的な意味での排他的な救済史が、もう一つのより普遍的な救済史によって乗り越えられた時代、と言うべきであろうか——に生きるわれわれにとっても、すぐれて今日的な意味を持つのではなかろうか。(3)しかも、われわれは今、まさに自然と人間の関係の問題が新たに問い直されねばならないような時代、文明、社会、自然環境の中に生きている。旧約聖書が自然と人間について語る発言の中から、この問題を考え直すうえで——積極的なものであれ、消極的なものであれ——何らかの示唆は得られないであろうか。(4)

その際に、まず第一に念頭に置かねばならないのは、古代イスラエルの人々が——あるいは、古代人一般がと言ってもよいであろう——、現代の世俗的、自然科学的な意味での自然と人間の関係という観念をまったく持っていなかった、ということである。彼らにとっては、同時に神との関係を考えることなく、人間についても自然についても考えることは不可能であった。その意味で、彼らはわれわれよりもはるかに「宗教的人間」だったわけである。

第二に、古代イスラエルの人々の神・自然・人間の関係についての理解は、他の古代文明や他の古代宗教におけるそれとは非常に異なるものであったことを銘記する必要がある。エジプト、ギリシア、インド、中国、日本等の古代農耕文明圏では、個々の点での相違はあろうとも、概して、神々や人間等を含め、すべてが大いなる生きた包括的な自然に包み込まれ、その一部をなすと考えられていた。すなわち、彼らの神々の多くは、自然界の諸力を神格化したものであり、人々はそのような自然の神々の大いなる力を賛美し、それに与るために彼らを礼拝した。そこではまた、人間が、自然や、特に他の生物との深い一体感のうちに生きていた。彼らにとっては、神と人間と自然の区別は、いわば相対的なものにすぎなかった。これらは彼らが、自分たちの生命を育む自然のうちに聖なるもの、神的なものを見出していたからに他ならないであろう。

自然を客観的に見つめ、その原理について初めて理論的に考察した、ギリシア哲学の開祖といわれるタレスでさえ、「万物は神々に満ちている」と語ったという。これらの地域に発展した高等宗教においてさえ、人々は自然に内在する究極的な原理を「ブラフマン（梵）」、「タオ（道）」、「ダルマ（法）」、「ロゴス」といった形で抽出して、あるいはそれを体得し、あるいはそれと合一することを希求した。

これに対し、旧約聖書の思想の特色は、神と人間と自然の三者の間に絶対的な区別を置くことにあると言ってよかろう。このことは神学的に言えば、三者の間にそれぞれ越えることのできない超越的な関係が考えられているということである。人間は神ではありえないし、また決して神になろうとしてはならない。自然はそれ自体としては神的なものでも聖なるものでもなく、神は決して自然の中には見出されない。そして、人間は決して自然の一部ではない。そしてこのような区別を曖昧にしたり、それらの境界を乗り越えようとしたりすることは、即、悪であり、罪に他ならないのである。このような見方は、ある程度まで、かつて哲学者の和辻哲郎が『風土』で試みたように、過酷な自然と対抗して生きる遊牧民を先祖とする古代イスラエル人の生活の特殊性とそれに発する思考様式から理解することができるかもしれない(5)。

もちろん、神と人間と自然の間にそれぞれ超越的な関係が考えられていると言っても、それら三者の間の関係の超越性の性格には、さまざまな相違がある。以下では、神や人間や自然についての旧約聖書の諸文書のさまざまな発言を顧みつつ、旧約聖書における自然と人間の関係についての理解の特質を、「神の被造物としての自然と人間」、「自然の支配者としての人間」、「自然の中に顕れる神の力」という三つの観点からより詳しく考察していきたい(補注)。

一　神の被造物としての自然と人間――「地の塵としての人間」〈神〉対〈人間・自然〉

旧約聖書において神と人間・自然の関係とは、巻頭の「天地創造」の物語にも端的に示されているように、何よりもまず、創造者と被造物の関係である。

自然と人間がともに神の被造物であるということは、まず第一に、両者が永遠なる神とは異なり、有限性を共有しているということを意味する。有限であり、やがて滅ぶべきものであるという一点については、人間とその他の被造物の間に何ら本質的な相違はない。旧約聖書の著者たちは、人間の無常性を論ずるとき、しばしば自然界の生成消滅を引き合いに出す。捕囚時代の預言者第二イザヤは、人間（ここではイスラエルの民）の無常性と神の言葉の永遠性を対比して、次のように歌う。

「肉なる者は皆、草に等しい。
永らえても、すべては野の花のようなもの。
草は枯れ、花はしぼむ。
主の風が吹きつけたのだ。
この民は草に等しい。
草は枯れ、花はしぼむが
わたしたちの神の言葉はとこしえに立つ」（イザ四〇6―8）。

それどころか、ヨブは、一度死ねば終わりの人間である身を顧みて、切られたり枯れたりしても翌年には再び芽を吹く樹木の再生力に嫉妬さえする。

「木には希望がある、というように
木は切られても、また新芽を吹き
若枝の絶えることはない。
地におろしたその根が老い

幹が朽ちて、塵に返ろうとも
水気にあえば、また芽を吹き
苗木のように枝を張る
だが、人間は死んで横たわる。
息絶えれば、人はどこに行ってしまうのか」（ヨブ一四7―10）。

旧約聖書においては珍しいニヒリストであるコヘレト(6)は、死すべきものとしての人間と動物の同質性を自嘲的に述べつつ、こう嘆く。


「人の子らに関しては、わたしはこうつぶやいた。神が人間を試されるのは、人間に、自分も動物にすぎないということを見極めさせるためだ、と。人間に臨むことは動物にも臨み、これも死に、あれも死ぬ。同じ霊を持っているにすぎず、人間は動物に何らまさるところはない。

すべては空しく、すべてはひとつのところに行く。

すべては塵から成った。

すべては塵に返る。

人間の霊は上に昇り、動物の霊は地の下に降ると誰が言えよう」（コヘ三18―21）。


いわゆるエデンの園の物語でも、人間は地の塵から作られ（創二7）、やがて地の塵に返るとされる（創三19）。「塵」とは無常なもの、無価値なものの象徴であり、「地の塵としての人間」という観念は、被造物としての人間のこの面を象徴するものであると言ってもよいであろう。

「塵にすぎないお前は塵に返る」（創三19）。

一般的には、後のキリスト教の原罪観の影響もあって、人間はもともと不死の存在として創造されたのだが、アダムの罪への罰としてはじめて死の宿命が下されたのだと考えられることも多い（ロマ五12―14等）。しかしこれは旧約聖書の本来の見方ではない。人間はもともと死すべきものとして造られたのであり、アダムへの罰は、（死そのものではなく、）労苦に満ちた生活とエデンの園からの追放に存する（創三17―24）。しかもその追放は、人間が「永遠に生きる者」とならないように防止する意味を持っているのである(7)。

「主なる神は言われた。『人は我々の一人のように、善悪を知る者となった。今は、手を伸ばして命の木からも取って食べ、永遠に生きる者となるおそれがある』。主なる神は彼をエデンの園から追い出し、彼に、自分がそこから取られた土を耕させることにされた」（創三22―23）。

旧約聖書はむしろ、人間が被造物としての有限性の限界を踏み越えて、神に等しいものとなろうと望む傲慢のうちに、人間の最大の罪を見出している（創三5、一一1―9、イザ一四12―15、エゼ二八1―10等)。このような見方は、特に人間が原子核や遺伝子等を操作する力を持ち、いわば「神の領域」に足を踏み入れようとしている現代において、重要な警鐘を鳴らしているものとして耳を傾けるべきであろう。

第二に、世界が神の被造物であることは、創造者である神が自然界に含まれるのではなく、それを超越しているということを意味する。旧約聖書の神は、先にも見たインドやギリシアやエジプトや日本に数多く見られる自然の諸力を神格化した神々のように、世界に内在する神ではないのである。自然はいわば外から造られた「物体」に過ぎないのであり、それ自体で神聖でも偉大な力を持つものでもない。したがって、それを神であるかのように崇拝してはならない。古代オリエント世界では、特に太陽や月や天体が神々として広く崇拝された。これに対し旧約聖書は、それらもまた神によって造られた被造物であり、それらがいわば、暦を数えるための目印や、地を照らす「照明装置」にすぎないことを強調する。

「神は言われた。『天の大空に光る物があって、昼と夜とを分け、季節のしるし、日や年のしるしとなれ。天の大空に光る物があって、地を照らせ』」(創一14)。

「目を上げて天を仰ぎ、太陽、月、星といった天の万象を見て、これらに惑わされ、ひれ伏し仕えてはならない。それらは、あなたの神、主が天の下にいるすべての民に分け与えられたものである」(申四19)。

この点で旧約聖書では、自然の徹底的な「非神話化」、脱神格化が行われている。旧約聖書で偶像崇拝が厳しく禁止されるのも、超越的な神を自然界の一部と同一視することへの反発と無関係ではあるまい。(8) しかしイスラエルの人々も、カナンの沃地に定着して農耕生活に移行すると、しだいに土着の農耕文化の影響を受け、バアルや地母神に代表される自然の豊穣の神を崇拝するようになった（ホセ二8―15、エレ四四17―19等）。これに対して神の超越性を守るために戦ったのが、イスラエルの預言者たちである（王上一八章、イザ四四9―17、エレ二27等）。

とはいえ旧約聖書は、自然をもっぱら消極的に意味づけているわけではない。それどころか古代イスラエル人は、自然というものの素晴らしさをよく知っていた。ただ彼らは、その素晴らしい自然の背後に、常にそれを造った神の偉大な力を意識していたのである。

「あなたの天を、あなたの指の業を
わたしは仰ぎます。
月も、星も、あなたが配置なさったもの」（詩八4。なお、詩一九2―7等をも参照）。

旧約聖書には、後のキリスト教神学でいう「無からの創造（creatio ex nihilo）」の観念はまだないと言われる。(9) 天地創造の記述によれば、原初の世界は万物が水の中で未分化、無規定な混沌状態にあった。(10)

「地は混沌であって、闇が深淵の面にあり、神の霊が水の面を動いていた」(創一2)。

創造とは、神の言葉によってその混沌(カオス)に時間や空間や生命の秩序がもたらされ、秩序ある世界(コスモス)が成立することである(創一3以下。神が世界の各部分を「分けた」という記述が繰り返されていることに注意。なお詩七四13—17、一〇四6—24等も参照)。創世記一章31節によれば、創造された世界は神の目に「極めて良く」映った。それが美しい調和と秩序に満ちているからであろう。

「神はお造りになったすべてのものを御覧になった。見よ、それは極めて良かった」(創一31)。

ただしギリシアの自然哲学者たちの場合と異なり、古代イスラエル人にとって、世界の秩序は自然の中に内在する法則によるのではない。それはあくまで、創造主としての神の人格的意志に基づくものなのである(「神は言われた。……するとそのようになった」という定型句が繰り返されることに注意)。この意味で、彼らにとって自然は、決して日本語で言う本来の意味での「自然」(ひとりでに、そのようになったもの)ではない。

このような本質的に「良い」世界に、人間は生きている。旧約聖書の宗教は、現にある世界を否定して別の世界に救いを求める現世否定的、彼岸的な宗教ではない。むしろそれは、神によって創造されたこの世界とそこでの生を、唯一無二のかけがえのないものとして真剣に受け止めるように教えるのである。(11) それではその「極めて良い」はずの世界に、実際にはなぜ悲惨な災害や、醜い悪や、理不尽な不公正が満ちみちているのであろうか。この問題については、別の角度から論じなければならない。

二　自然の支配者としての人間——「神の似姿としての人間」〈神・人間〉対〈自然〉

旧約聖書の世界観では、あらゆる被造物の中で、人間が特別の位置を占めている。すなわち、旧約聖書の見方では、神と人間を含む自然物との間に越えがたい深淵があるだけではなく、人間と人間以外の被造物の間にも絶対的な区別があるのである。このことは、人間（だけ）が「神にかたどって」その似姿に創造された、ということに表現されている。

「神は御自分にかたどって人を創造された。
神にかたどって創造された。
男と女に創造された」（創一27）。

人間が神の似姿（imago dei）に創造されたということの意味をどう解釈すべきかについては、古代から現代にいたるまでさまざまな議論がある。[12] かつて行われたように、それを人間の霊的性格や理性、良心といったもっぱら精神的な特質に還元してしまうことは適切ではなかろう。そこに、文字通り人間の外観が神に似ている（エゼ一26―28等参照）という、神話的とも言えるニュアンスが込められていることは否定できない。[13] ただ、それが形姿のみの問題でも、正確な写実の意味でもないことは、形姿の違う「男と女」がともに神の似姿であるとされていることからも明らかである。創世記九章6節の記述からは、神の似姿の観念に、今で言う人間の尊厳といった意味が込められていることが分かる。

「人の血を流す者は
人によって自分の血を流される。
人は神にかたどって造られたからだ」（創九6）。

このように、神の似姿とは、さまざまな意味を合わせ持った複合的な観念なのである。いずれにせよ確かなのは、それが他の被造物と絶対的に区別された、人間の特殊な地位を表現しているということである。

旧約学で有力な見方の一つに、神の似姿が、神に代わって自然界を支配する人間の特権を意味している、とする解釈がある。[14] 創世記一章26節では、人間を神の似姿に創造しようという神の決意に直接続いて、人間を自然界の支配者にしようという神の意向が記されている。

「われわれにかたどり、われわれに似せて、人を造ろう。そして海の魚、空の鳥、家畜、地の獣、地を這うものすべてを支配させよう」（創一26）。

新共同訳で「かたどり」と訳された原語「ツェレム」（像／似姿）は、人間の姿を表出した彫像や絵画の意味も持つ（エゼ一六17、二三14等をも参照）。古代オリエントの大王たちは、自分の支配権を表現するために、領土の国境や遠征先に自分の姿に似せた彫像を立てた。古代オリエント世界において「似姿」とは、支配権を象徴するものでもあったのである。

先に、神の創造した世界への驚嘆について述べたものとして引用した詩編八編の続きの部分でも、神が人間を「神に僅かに劣るもの」（すなわち、神に極めて近い存在）として創造し、被造物世界の支配を委ねた次第が次のように歌われている。

「そのあなたが御心に留めてくださるとは
人間は何ものなのでしょう。
人の子は何ものなのでしょう
あなたが顧みてくださるとは。
神に僅かに劣るものとして人を造り
なお、栄光と威光を冠としていただかせ

御手によって造られたものをすべて治めるように
その足もとに置かれました。
羊も牛も、野の獣も
空の鳥、海の魚、海路を渡るものも」（詩八5―9）。

すなわち人間だけが持つ神に似た（ないし神に近い）特質とは、神に代わって世界を支配するということなのである。

エデンの園の物語においても、植物や動物は、人間のために創造されたかのように描かれている（創二8―20）。イザヤ書四五章18節によれば、神は地を「混沌として創造されたのではなく、人の住む所として形づくられた」のである。ここに、人間中心的な自然観があることは明らかである。人間は、神から地上の支配を委任された、自然界の主人なのであり、自分たちのために自然を役立てることができる。あえていえば、人間は自然の目的であり、自然は人間が生きていくための素材なのである。ここにも、家畜を飼育することによって生活した遊牧文化の遺産を見ることができるかもしれない。いずれにせよ、人間と他の生き物を絶対的に区別した古代イスラエルにおいては、生きとし生けるものとの根源的な連帯感を前提とする、インドやギリシアにおける輪廻転生の思想や、世界各地の伝説に見られる動物への変身物語は成立のしようがなかったのである。

自然科学思想史研究者の一部には、西欧における科学技術の発達が、自然を純粋の物体とみなし、人間がそれに自由に手を加えることができるとするヘブライズム的な思想の産物だとする見方がある。さらには、科学技術の結果としての現代の環境破壊の責任をも、そのような聖書的な自然観に問おうとする動きがある。[15] そのような指摘に確かに当たっている一面があることは、率直に認めるべきであろう。ただし、古代イスラエル人やその子孫であるユダヤ人自身が、自然科学や科学技術を生み出したのでも発展させたのでもないことは忘れてはならない。彼らにとっては、自然への支配権はあくまで神から委譲されたものであり、これから見るように、創造主としての神に対する重い責任を伴うことであった。また、人間が神に取って代われるわけでないことを彼らがよく知っていたことは、すでに見た通りである。西欧の科学技術は、人間を自然の支配者とみなすユダヤ的世界観と、ギリシアに由来する、観察と実験に基づく合理的、法則的世界観が生んだ鬼子とでも呼ぶべきであろうか。

　旧約聖書で言う人間の自然への支配が、無制限のものでも恣意的で暴君的なものでもないことは、創造された人間に、食べ物として「種を持つ草と種を持つ実をつける木」が与えられたとされること（創一29）に示されている。すなわち本来は、人間が食べるために動物を殺すことは許されなかったのである。肉食は、人間の腐敗と罪によって洪水が起こされ、最初の人間たちのほとんどが滅ぼされてから初めて許可される。しかしその場合でも、生き物の命の本来の主が誰であるかを忘れないために、血だけは食べてはならないとされる（創九2―4）。エデンの園の物語でも、人間は（特別に禁じられた木を除き）「すべての木から取って食べ」ることを許可されるが、同時にその直前で、地を「耕し、守る」ことを命じられる（創二16）。[16] したがって、旧約聖書が考える自然への支配とは、人間が利己的な目的のために自然からほしいままに搾取してよいということではなく、いわば羊飼いが飼い主から預かった羊たちを丹精かけて育てるように（創三一38―39等参照）、自分に委託された権限の範囲を自覚しつつ、創造者である神の代わりに自然を管理し育成するという、義務と責任を伴うことだったのではないだろうか。[17]

洪水物語（創六―八章）は、人間がその義務と責任を蔑ろにした場合、いかなる結果がもたらされるかを表現している。先に見たように、創造物語では被造物世界が「神は……御覧になった。見よ、それは極めて良かった」（創一31）と評価されている。ところが洪水物語の冒頭では、まったく同じ文形で、「神は地を御覧になった。見よ、それは堕落し……」（創六12）と述べられ、両者が対比されている。すなわち、「極めて良い」世界に罪と暴虐と混乱が満ちているのは、創造者としての神の責任ではなく、その「支配」を委ねられた人間の責任なのである。ここで重要なことは、人間の腐敗と罪が単に人間自身だけにではなく、自然界全体のうえに破局をもたらすとされていることである。

「すべて肉なるものを終わらせる時がわたしの前に来ている。彼らのゆえに不法が地に満ちている。見よ、わたしは地もろとも彼らを滅ぼす」（創六13）。

そしてその破局は、神によって創造された世界の秩序の崩壊であり、創造以前の混沌状態の回帰として表象されている。すでに見たように、創世記一章では、自然界の創造は、神が水の混沌（「深淵」）を分割し、秩序づけることで始まった（創一6、9）。これに反し、洪水とは、そのように神によって秩序あるもの（コスモス）にされた世界が、再び創造以前の混沌（カオス）に逆戻りすることなのである。[18]

「この日、大いなる深淵の源がことごとく裂け、天の窓が開かれた」（創七11）。

より素朴なエデンの園の物語でも、人間の罪の結果、大地が生産力を失って「茨とあざみを生えいでさせる」ようになったとされている（創三18）。預言者たちも、人間の悪が自然界にさまざまな荒廃を引き起こすことについて語っている。

「主はこの国の住民を告発される。
この国には、誠実さも慈しみも、
神を知ることもないからだ。
呪い、欺き、人殺し、盗み、姦淫がはびこり
流血に流血が続いている。
それゆえ、この地は渇き
そこに住む者は皆、衰え果て
野の獣も空の鳥も海の魚までも一掃される」（ホセ四1―3。なお、イザ二四4―5等をも参照）。

それは現代風に言えば、人間の過ちの結果として引き起こされる「生態学的破局」に他ならない[19]。洪水物語そのものは、メソポタミアの伝説に由来する神話的なものにすぎないかもしれない[20]。しかしそれを、人間が自然に対する責任を忘れたときにどうなるかを示す、極めて現代的な意味を持った寓意として読むことも十分可能なのである。

最初の人間たちが菜食しか許されず、洪水後の人間が初めて肉食をするようになったとされることには、旧約聖書の語り手たちが、われわれの生きる世界の実情は必ずしも神の本来の創造秩序に適っていない、と感じていたことが示されている[21]。他方で預言者たちは、終末的な（すなわち歴史の終極に訪れる）神の救済の時やメシアの支配のもとでは、原初の自然界の理想的な秩序と、人間と自然の和解が完全な形で実現するという希望を語っている。

「狼は小羊と共に宿り
豹は子山羊と共に伏す。
子牛は若獅子と共に育ち
小さい子供がそれらを導く。
牛も熊も共に草をはみ
その子らは共に伏し
獅子も牛もひとしく干し草を食らう。
乳飲み子は毒蛇の穴に戯れ

幼子は蝮《まむし》の巣に手を入れる。
わたしの聖なる山においては
何ものも害を加えず、滅ぼすこともない」（イザ一一6―9、なお、ホセ二20―21等をも参照）。

三　自然の中に顕れる神の力――「自然における神の栄光」〈神・自然〉対〈人間〉

神と人間と自然の関係の持つ第三の局面は、自然が人間に対し、神の存在やそのすさまじい力を表現する媒体になる場合である。イスラエル人は、人間の力を超えた自然の激動や暴威、自分たちの理解を超えた天変地異のうちに、力ある神の臨在を感じ取った。神とイスラエルの契約に際しては、「シナイ山は全山煙に包まれた。主が火の中を山の上に降られたからである。煙は炉の煙のように立ち上り、山全体が激しく震えた」（出一九18）とされている。「デボラの歌」と呼ばれる戦いの歌では、神の到来の戦慄的な模様が、次のように歌われている。

「主よ、あなたがセイルを出で立ち
エドムの野から進み行かれるとき
地は震え
天もまた滴らせた。

雲が水を滴らせた。
山々は、シナイにいます神、主の御前に
イスラエルの神、主の御前に溶け去った」（士五4―5）。

預言者も神の出現を次のような凄まじいイメージで描き出している。

「山々はその足もとに溶け、平地は裂ける
火の前の蠟のように
斜面を流れ下る水のように」（ミカ一4）。

ここで注目に値するのは、ギリシアやインドにおけるように、日常的な自然界にはたらく諸力がそのまま神格化されるのではなく、イスラエルの場合には、人間が慣れ親しんだ日常的な自然の秩序を破る自然の異様な動きや変容の中に、理解を超えた神の力と超越的な神の臨在が感じ取られたということである。自然の震撼は、いわば神の出現に伴う随伴現象にすぎず、決してそれ自体が神自身と同一視されることはない。そこでは自然が、いわば超自然的なものの象徴となるのである。このような、自然を変動させる神の顕れを、専門用語で神顕現（テオファニー）という[22]。

もちろん旧約聖書の神ヤハウェは義の神であり、罪と悪を罰する神である。また、本稿のはじめにも述べたように、ヤハウェは何よりもまず歴史の神でもあり、そのような神の罰はなかんずく歴史を通じて実現するが（王下一七7―18、イザ一〇1―6等）、自然界のさまざまな災害も、悪に対する神の罰と見なされている。すでに見たように、ノア時代の洪水は、人類の腐敗に対する神の裁きであった。悪の町ソドムとゴモラは、「硫黄の火」によって滅ぼされ、その跡には（あたかも原爆実験や原発事故の跡のように）あらゆる生命を拒む死海とその周辺の不毛の地ができた（創一九24）。出エジプト物語によれば、エジプト王がイスラエル人を奴隷のまま止めておこうとすると、さまざまな天変地異が起こってエジプトを苦しめたという（出七―一二章）。律法は、イスラエルが契約を破った場合、飢饉や疫病やその他の天災が襲うだろうと警告する。

「主は、肺病、熱病、高熱病、悪性熱病、干ばつ、黒穂病、赤さび病をもってあなたを打ち、それらはあなたを追い、あなたを滅ぼすであろう。頭上の天は赤銅となり、あなたの下の地は鉄となる（すなわち、雨が降らず、土地を耕すこともできなくなる）。主はあなたの地の雨を埃とされ、天から砂粒を降らせて、あなたを滅ぼされる」（申二八22―24。なお、レビ二六14―39等をも参照）。

預言者たちもまた、旱魃や疫病等の自然の災害をイスラエルの不服従に対する神の罰と見なした。

「わたしはお前たちを黒穂病と赤さび病で撃ち
お前たちの園とぶどう畑を枯れさせた。

また、いちじくとオリーブの木は
いなごが食い荒らした。
しかし、お前たちはわたしに帰らなかったと
主は言われる」（アモ四9。なおミカ六13―15等も参照）。

他方で、自然法則を破る神の力あるはたらき（すなわち「奇跡」）が、イスラエルへの救いに結び付けられる場合もある。エジプトを脱出したイスラエル人がエジプト人に追われたとき、神は海を真っ二つに割ってイスラエルを救ったという（出一四章）。またイスラエルがギブオンで敵と戦ったとき、神は太陽や月の運行を止めて彼らに勝利を与えたとされる（ヨシュ一〇章）。これらの例においては、自然界に現れる神の巨怪な力の表象が、罪は裁きをもたらすという倫理的な図式や、イスラエル中心の救済史観と結合され、いわば合理化されていると見なすこともできよう。かつてギリシア哲学の思惟と旧約聖書の思惟を比較考察したトーレイフ・ボーマンは、ギリシア人にとっては「歴史は自然の一部であるがゆえに、彼らは歴史にたいしても自然と同じ方法を適用する」と論じたが、[23]この言葉をもじって言えば、旧約聖書中の天災や自然奇跡についての記述においては、自然が「災いの歴史」や「救済史」の中に取り込まれ、歴史化されて扱われていると言ってもよかろう。

しかしながら、本節の最初に見た神顕現の描写等に示された、自然における神の圧倒的な力の顕現は、より非合理で戦慄的なものを含んでいる。ルードルフ・オットーは『聖なるもの』の中

で、聖なるものの本質が、人間とは何ら共通性を持たず、人間の理解をまったく超えた「絶対他者（Das ganz Andere）」性であり、それに対する人間の原初的反応は戦慄であると論じている。すなわち聖なるものとは、その「戦慄すべき秘義（mysterium tremendum）」なのである。[24]旧約聖書の神顕現の描写には、そのような意味での「聖なるもの」の本質とそれへの人間の反応が最もなまの形で現れているといえるであろう。この点を特に深く掘り下げたのが、ヨブ記の作者である。

よく知られているものであるが、ヨブ記の概略を示せば次のようになろう。「人はゆえなく神を敬うか」という問題をめぐる神とサタンの賭けにより、義人ヨブにさまざまな災いが下る。ヨブを見舞いに来た、応報主義的世界観に立つ友人たちは、ヨブに降りかかった災いは彼が犯した過ちに対する神罰であると考え、悔い改めて神の赦しを乞うようにヨブに勧める。しかし、ヨブは自分の義と潔白に固執し、ついには「ゆえなく」義人に災いを下す神の不当性を糾弾し、なぜそのように弱い人間を弄ぶのか、自分にどのような落ち度があったのか、と神に詰問する。最後（ヨブ三八章以下）になってついに神が「嵐の中から」答えるが、奇妙なことにこの神の「答え」は、義人の苦難について質すヨブの問いにまったく答えていない。むしろ神は、逆に、人間の理解を超えた自然界の神秘に関する問いをヨブに次々に投げかけるのである。

「お前は海の湧き出るところまで行き着き
深淵の底を行き巡ったことがあるか。
死の門がお前に姿を見せ

死の闇の門を見たことがあるか。
お前はまた、大地の広がりを隅々まで調べたことがあるか。
そのすべてを知っているなら言ってみよ」（ヨブ三八16―18）。

「光が放たれるのはどの方向か。
東風が地上に送られる道はどこか。
誰が豪雨に水路を引き
稲妻に道を備え
まだ人のいなかった大地に
無人であった荒れ野に雨を降らせ
乾ききったところを潤し
青草の芽がもえ出るようにしたのか。
雨に父親があるだろうか。
誰が露の滴を産ませるのか。
誰の腹から霰《あられ》は出てくるのか。
天から降る霜は誰が産むのか」（ヨブ三八24―29）。

神の語りの後半では、鴇《とき》や獅子や野生の山羊やろば、野牛、駝鳥《だちょう》等の動物たちの奇妙な生態が名人芸的な筆致で描かれる（ヨブ記は世界最高の詩文学の一つとしても定評がある）。

「お前は岩場の山羊が子を産む時を知っているか。
雌鹿の産みの苦しみを見守ることができるか。
月が満ちるのを数え
産むべき時を知ることができるか。
雌鹿はうずくまって産み
子を送り出す。
その子らは強くなり、野で育ち
出ていくと、もう帰ってこない」（ヨブ三九1―4）。

「駝鳥は卵を地面に置き去りにし
砂の上で暖まるにまかせ
獣の足がこれを踏みつけ
野の獣が踏みにじることも忘れている。
その雛を、自分のものではないかのようにあしらい
自分の産んだものが無に帰しても、平然としている。
神が知恵を貸し与えず

分別を分け与えなかったからだ。
だが、誇って駆けるときには
馬と乗り手を笑うほどだ」（ヨブ三九14―18）。

ついには「べヘモット」と「レビヤタン」という怪物たちまで登場する（ヨブ四〇―四一章。両者を単なる「かば」と「鰐《わに》」と同一視してしまうことは適切ではない。[26]その細部描写からも分かるように、それらはむしろ、人間の理解を絶した自然の神秘の象徴なのである）。

ヨブはこれを聞いて圧倒され、すっかり打ちひしがれ、おのれの非を認めて神に平伏する。

「それゆえ、わたしは塵と灰の上に伏し
自分を退け、悔い改めます」（ヨブ四二6）。

ヨブ記のこの結末は、何を意味するのであろうか。これについてもさまざまな解釈がある。[27]確実に言えるのは、ここで自然界の森羅万象の創造と支配に示された神の偉大さと力が賛美されているということであり（反問における繰り返される「誰が……したのか」への答えは、明らかに「神」である）、しかも、それが人間の卑小さや無力さと対比されているということである（繰り返される「お前は……したことがあるか」、「お前に……できるか」への答えは、明らかに「否」である）。そのうえ、ここで挙げられた自然現象は、空の上、地の果て、海の底等、いずれも（少なくとも当時の人々にとっては）知も理解も及ばない領域の事柄であり、人間の力ではどうしようもないものばかりである。後半に挙げられる動物たちのほとんども、人間が飼い馴らす家畜ではなく、人間とはまったく関係なく生きている野生の動物たちである。人間は彼らの生態の意味を理解することはできない。それにもかかわらず、それらの現象や動物たちは、人間がいるかいないかにはまったく関わりなく、そこに存在する。そしてそれらもまた、神によって創造され、支配されている（「お前を造ったわたしはこの獣をも造った」、ヨブ四〇15）。それがなぜなのか、何のためなのか、人間にはまったく理解できない。人間は、それらと並んであるちっぽけな被造物の一つにすぎないのである。神がもっぱら人間だけに関心を寄せているなどと考えるのは、人間の傲慢にすぎないのではないか。

応報主義者である友人たちは、災いが下ったからにはヨブが何らかの罪を犯したにちがいない、と推測する。しかし、これに対して、自分は潔白なのだから、災いを下した神は不当だ、と主張するヨブ自身もまた、実は、やはり応報の論理に縛られているのである。神は人間のために、必ず応報の原理を貫徹させねばならないのであろうか。もしそうであれば、人間の必要性や欲求に神が従わされることになる。人が、神が自分に恵みや救いを与えてくれるがゆえに神を崇拝するのであれば、それはやはり或る種の自己中心的な御利益宗教に他ならないのではないか（ヨブ記冒頭のサタンの挑戦の言葉、「ヨブが、ゆえなく神を敬うでしょうか」ヨブ一9を参照）。そうではなく、人間は自然を通じて示された、人間の理解も想像力も絶した神の力と支配（これを「経綸《けいりん》」という）を無条件で受け入れ、おのれの利害には関係なく、幸も不幸も超えて、純粋に神が神であるがゆえにその神を崇拝するべきである。ヨブ詩人はこのように主張しているように思われる。そして実は、そのような思想は、ヨブ記でヨブが最初に語る言葉の中にすでに暗示されていたのである。

「主は与え、主は奪う。
主の御名はほめたたえられよ」(ヨブ一21)。

おわりに

嵐の中からの神の言葉には、自然の神秘を通じて、オットーの言う「絶対他者」としての神が再発見されていると言ってもよいであろう。(28) ヨブはそれに直面し、被造物としての自分の卑小さを自覚し、自分の求める神ではなく、自由な創造者にして支配者であるところの神を全面的に受け入れたのである。ことによると、ここには、旧約聖書自体の中にある、(神の似姿としての人間の観念に示されたような)人間中心的な自然観に対する意図的な批判的対決が試みられているのかもしれない。

こうして、われわれは再び、最初に論じた「神の被造物としての自然と人間」というテーマに引き戻される。いずれにしても、ヨブ記の結末は、「神と等しい者」になろうという欲望を持ちがちな人間に対して、自分があくまで被造物の一つであり、決して世界の本当の所有者でも支配者でもないことを忘れないように警告し、また、自然界には人間の理解も統御も超えたものがあることを常に思い起こす、謙虚さを教えているように思われる。同時にそれは、自然に対する畏怖と生き生きとした驚嘆の念を失うことのないように、という呼びかけであるとも言えるであろう。他方で、旧約聖書における「神の似姿としての人間」の観念は、人間が単に自然の支配者であるばかりでなく、神の創造した「極めて良い」世界を守るべき責任を負わされた存在であることを明らかにしてくれる。そして旧約聖書のさまざまな箇所に見られる天変地異や自然の災害についての記述は、人間が常に自然との共生関係にあり、人間の恣意的な行為が単に人間自身だけでなく、自然にも破局的な作用を及ぼすことを思い出させてくれるのである。

このように、旧約聖書における自然と人間の関係の理解には、実に多様な側面がある。そしてそれらは、それぞれ独自の視点から、自然と人間をめぐるさまざまな問題を照らし出しているのである。古代イスラエル人とはまったく異なる時代、自然環境、精神風土、世界観のもとに育った現代のわれわれにとっても、それらが示唆するところは決して少なくないと言えるであろう。

注

（1）例えば、最もよく読まれてきたゲアハルト・フォン・ラートの *Theologie des Alten Testaments*, 2 Bde., München 1957/1960〔『旧約聖書神学Ⅰ―Ⅱ』、荒井章三訳、日本基督教団出版局、一九八〇／一九八二年〕は、救済史に定位しているため、自然の問題は独立した項目としてはまったく扱われていない。まとまった旧約神学としては比較的新しい、ホルスト・ディートリヒ・プロイスの *Theologie des Alten Testaments*, 2 Bde., Stuttgart 1991/1992 も、イスラエルの選びに焦点を合わせたものので、自然の問題にほとんど触れていない。これに対し、ヴァルター・アイヒロットの *Theologie des Alten Testaments*, 2 Bde., Berlin 1933/1935 はその第２部「神と世界」で宇宙論や創造論、被造物界における人間の位置についての考察に関連して、自然の問題にも立ち入っている。ただし、そのためその記述は、アイヒロットの旧約神学の骨組みである「契約神学」の枠組みから外れてしまっている。フォン・ラートの救済史一辺倒の旧約神学を批判し、旧約聖書の神観に、救済する歴史の神と、創造し祝福する神の両側面があることを強調したクラウス・ヴェスターマンの *Theologie des Alten Testaments in Grundzügen*, Göttingen 1978 は、当然ながら、第３部の「祝福する神と創造」で自然の問題にも触れている。

（２）聖書からの引用は『新共同訳 聖書』を基盤とし、場合によってそれに筆者が手を加えたものである。聖書文書の略号も新共同訳の目次の方式に従う。また聖書の箇所は、章は漢数字で、節は算用数字で表す。

（３）旧約聖書の自然観や、その現代の状況との関連については、すでにいくつかの優れた研究が発表されている。本研究は以下のものから多くの示唆を受けた。J. L. McKenzie, God and Nature in the Old Testament, *CBQ* 14（1952）, pp. 18–39.124–145; S. Herrmann, Die Naturlehre des Schöpfungsberichtes, *ThLZ* 86（1961）, pp. 413–424; O. H. Steck, *Welt und Umwelt*, Stuttgart 1978; K. Koch, The Old Testament View of Nature, *Anticipation* 25（1979）, pp. 47–52; B. W. Anderson, Creation and Ecology, *American Journal of Theology and Philosophy* 1（1983）, pp. 14–30; H. D. Preuß, Biblisch-theologische Erwägungen eines Alttestamentlers zum Problemkreis Ökologie, *ThZ* 39（1983）, pp. 68–101; T. Hiebert, *The Yahwist's Landscape. Nature and Religion in Early Israel*, New York/Oxford 1996; W・ツィンマリ『旧約聖書の世

界観』、山我哲雄訳、教文館、一九九〇年。G・リートケ『生態学的破局とキリスト教——魚の腹の中で』、安田治夫訳、新教出版社、一九八九年。並木浩一「旧約聖書の自然観」、同『旧約聖書における文化と人間』、教文館、一九九九年、一七八—二一一頁。柏井宣夫『旧約聖書における創造と救い』、日本基督教団出版局、一九九〇年。樋口進「創造と自然」、木田献一／荒井献監修『現代聖書講座 第3巻 聖書の思想と現代』、日本基督教団出版局、一九九六年、一九一—四一頁。

（4）自然や環境という主題が、現代の神学における最重要課題の一つであることは言うまでもない。E. von Weizsäcker（Hg.）, *Humanökologie und Umweltschutz*, Stuttgart 1972; H. Aichelin/G. Liedke（Hg.）, *Naturwissenschaft und Theologie*, Neukirchen-Vluyn 1974; H. Montefiore（ed.）, *Man and Nature*, London 1975; K. M. Meyer-Abich（Hg.）, *Frieden mit der Natur*, Freiburg/Basel/Wien 1979; Ch. Link, *Die Welt als Gleichnis. Studien zum Problem der natürlichen Theologie*, München 1982; H. Graf Reventlow, *Hauptprobleme der alttestamentlichen Theologie im 20. Jahrhundert*, Darmstadt 1982, pp. 148–168; J. Moltmann（Hg.）, *Versöhnung mit der Natur?*, München 1986; G. Altner（Hg.）, *Ökologische Theologie. Perspektiven zur Orientierung*, Stuttgart 1989; B. Irrgang, *Christliche Umweltethik*, München/Basel 1992; J・モルトマン『創造における神』、沖野政弘訳、新教出版社、一九九一年。富坂キリスト教センター編『エコロジーとキリスト教』、新教出版社、一九九三年。安田治夫「自然の神学」、熊澤義宣／野呂芳男編『総説現代神学』、日本基督教団出版局、一九九五年、二四五—二六七頁等を参照。

（5）和辻哲郎『風土——人間学的考察』、岩波書店、一九三五年。なお、鈴木秀夫『超越者と風土』、大明堂、一九七六年。飯沼二郎『歴史のなかの風土』、日本評論社、一九七九年をも参照。

（6）コヘレトが語の厳密な意味におけるニヒリストであることを論証したものとして、関根清三「ニヒリストとしてのコーヘレス」、同『旧約における超越と象徴』、東京大学出版会、一九九四年、一一五—一六四頁を参照。

（7）これについては、諸注解書（特に C. Westermann, *Genesis Kapitel 1-11* (BK I/1), Neukirchen-Vluyn 1974, pp. 302-306）の他、特に J. Barr, *The Garden of Eden and the Hope of Immortality*, London 1992 を参照。

（8）旧約聖書における偶像否定についての詳しい研究としては、Ch. Dohmen, *Das Bilderverbot. Seine Entstehung und seine Entwicklung im Alten Testament* (BBB 62), Bonn 1985 を参照。ドーメンは、偶像禁止の習慣の淵源をイスラエルの祖先である（半）遊牧民の宗教に求め、他方で偶像禁止規定（第二戒）は他神崇拝の禁止（第一戒）から派生したと考えている。

（9）このような考え方の先駆は、二マカ七28、ロマ四17に見られる。ただし、厳密な意味での「無からの創造」の教理は、初期キリスト教がグノーシス主義や異端思想との対決を通じて形成していったものである。G. May, *Schöpfung aus dem Nicht* (Arbeiten zur Kirchengeschichte 48), Berlin 1978 を参照。

（10）創世記一章のいわゆる祭司文書の創造物語については、諸注解書のほか、W. H. Schmidt, *Die Schöpfungsgeschichte der Priesterschrift* (WMANT 17), Neukirchen-Vluyn 1973^{3}; O. H. Steck, *Der Schöpfungsbericht der Priesterschrift* (FRLANT 115), Göttingen 1981^{2}; E. Zenger, *Gottes Bogen in den Wolken* (SBS 112), Stuttgart 1983; C・ヴェスターマン『創造』、西山健路訳、新教出版社、一九七二年。ツィンマリ『旧約聖書の世界観』〔注3〕、H・P・サントマイア「創世記の天地創造物語の再見」、『インタープリテーション』第一四号、一九九二年、五六―八〇頁。吉田泰「旧約聖書祭司文書の創造物語」、月本昭男編『創成神話の研究』、リトン、一九九六年、六一―一五四頁等を参照。また創造以前の混沌と秩序づけとしての創造の問題については、特に、M. Bauks, *Die Welt am Anfang* (WMANT 74), Neukirchen-Vluyn 1997 を参照。

（11）旧約聖書の世界観のこの点を特に強調したものが、ツィンマリ『旧約聖書の世界観』〔注3〕である。

（12）十九世紀から現在までの聖書学における「神の似姿」の観念についての解釈を研究史的にまとめたものとして、G. A. Jónsson, *The Image of God* (CBOT 26), Lund 1988 を参照。なお、それ以降の議論として、J. Ebach, Bild Gottes und Schrecken der Tiere, in: Ders., *Ursprung und Ziel. Erinnerte Zukunft und erhoffte Vergangenheit*, Neukirchen-Vluyn 1986, pp. 16–47; J. Scharbert, Der Mensch als Ebenbild Gottes in neueren Auslegung von Gen 1,26, in: W. Bauer u.a.（Hg.）, *Weisheit Gottes—Weisheit der Welt*, Bd. I, St. Ottilien 1987, pp. 241–258; J. A. Soggin, »Imago Dei« —Neue Überlegungen zu Gen 1,26f, in: M. Oeming/A. Graupner（Hg.）, *Altes Testament und christliche Verkündigung*, Stuttgart 1987, pp. 385–389; W. Groß, Die Gottebenbildlichkeit des Menschen nach Gen 1,26.27 in der Diskussion des letzten Jahrzehnts, *BN* 68（1993）, pp. 35–48 等を参照。邦語文献としては、W・H・シュミット『歴史における旧約聖書の信仰』、山我哲雄訳、新地書房、一九八五年、三九三―四〇二頁。野本真也「神の像としての人間」、『キリスト教研究』第四〇号、一九七七年、七七―九九頁。吉田「創造物語」〔注10〕一〇五―一二〇頁等を参照。

（13）この点を特に強調したものとして、H. Gunkel, *Genesis*（HAT I/1）, Göttingen 1917^3; P. Humbert, *Études sur le récit du Paradis et de la Chute dans la Genésis*, Neuchatel 1940; L. Köhler, Die Grundstelle der Imago-Dei-Lehre, *ThZ* 4（1948）, pp. 16–22 を参照。

（14）この点を特に強調したものとして、H. Groß, Die Gottebenbildlichkeit des Menschen im Kontext der Priesterschrift, *ThQ* 161（1981）, pp. 144–264; H・リングレン『イスラエル宗教史』、荒井章三訳、教文館、一九七六年、一四二―一四四頁。H・W・ヴォルフ『旧約聖書の人間論』、大串元亮訳、日本基督教団出版局、一九八三年、三一七―三二八頁。G・フォン・ラート『ATD旧約聖書註解1 創世記〈上〉』、山我哲雄訳、ATD・NTD聖書註解刊行会、一九九三年、八一―八二頁。同『旧約聖書神学I』〔注1〕一九九―二〇二頁。R・W・クライン『バビロン捕囚とイスラエル』、山我哲雄訳、リトン、一九九七年、二〇九—二一一頁等を参照。なお、注12に挙げた研究史的著作の著者ヨンソンは、この点に関して、「もし、バーやヴェスターマンのような少数の影響力ある旧約学者がこの支配的な理解に反対していなければ、この問題については旧約学者たちの間に完璧な合意が成立していると言えるところなのだが……」と評している（同書 p. 219）。

（15）例えば、リン・ホワイト『機械と神』、青木靖三訳、みすず書房、一九七二年。なお、この書物の原題は、無理な解決法を意味する成句「機械仕掛けの神（deus ex machina）」を逆にした「神から出た機械（Machina ex Deo）」である。他に、C. Amery, *Das Ende der Vorsehung. Die gnadenlosen Folgen der Christentums*, Reinbek b.H. 1972 をも参照。これに対するキリスト教界からの反応として、J. Barr, Man and Nature: The Ecological Controversy and the Old Testament, *Bulletin of John Rylands University Library of Manchester* 55（1972）, pp. 9–32; U. Krolzik, *Umweltkriese—Folge des Christentums?*, Berlin 1979; K. Koch, Gestaltet die Erde, doch heget das Leben!, in: H.-G. Geyer u.a.（Hg.）, *Wenn nicht jetzt, wann dann?*, Neukirchen-Vluyn 1983, pp. 23–36; H. J. Münk, Umweltkriese—Folge und Erbe des Christentums?, *Jahrbuch für christliche Sozialwissenschaften* 28（1987）, pp. 133–205; G. Liedke, Geschaffen in sieben Tagen. Gen 1 – gehört in der ökologische Krise, in: R. Albertz u.a.（Hg.）, *Schöpfung und Befreiung*, Stuttgart 1989, pp. 13–24; リートケ『生態学的破局』〔注3〕月本昭男『創世記Ｉ』、日本基督教団出版局、一九九六年、七三—七六頁等を参照。

（16）月本『創世記Ｉ』〔注15〕七四、九〇—九三頁は、二15の通常「耕す」と訳される動詞「アーバド」が、語源に遡れば「奉仕する／～の奴隷として働く」の意味を持つことを指摘し、この部分をあえて（人が地に）「仕え、これを守る」と訳している。サントマイア「創世記」〔注10〕七一—七二頁をも参照。

（17）Barr, Man and Nature〔注15〕; N. Lofink, Macht euch die Erde untertan?, *Orientierng* 38（1974）, pp. 137–

142; Koch, Gestaltet die Erde〔注15〕; Zenger, *Gottes Bogen*〔注10〕pp. 84–96は、一28の通常（地を）「支配せよ」と訳される動詞「ラーダー」を言語学的に検討し、そこに暴力的な支配の意味はなく、むしろ羊飼いが家畜の世話をし、導く配慮、育成の意味があるとした。吉田「創造物語」〔注10〕一二〇—一二八頁はさらに一歩を進め、一28の二つの動詞を、（地を）「生かせ」（カーバシュ）、（生けるものすべてと）「共生せよ」の意味に解するように提案している。もちろん、このような解釈に対し、それが護教的にすぎるという批判もある。Ebach, Bild Gottes〔注12〕; Ch. Uehlinger, Vom dominium terrae zu einem Ethos der Selbstbeschrankung?, *Bibel und Liturgie* 64 (1991), pp. 59–74; B. Janowski, Herrschaft über die Tiere, in: G. Braulik u.a. (Hg.), *Biblische Theologie und gesellschaftlicher Wandel*, Freiburg i.B. u.a. 1993, pp. 183–198 等を参照。

（18）フォン・ラート『創世記〈上〉』〔注14〕二〇七—二〇八頁、Westermann, *Genesis*〔注7〕pp. 582–583 等を参照。

（19）リートケ『生態学的破局』〔注3〕が、この問題を正面から扱っている。

（20）古代メソポタミアの洪水伝説との関連性については、月本昭男訳『ギルガメシュ叙事詩』、岩波書店、一九九六年の訳と解説を参照。

（21）フォン・ラート『創世記〈上〉』〔注14〕八四頁、Westermann, *Genesis*〔注7〕pp. 619–620; Schmidt, *Schöpfungsgeschichte*〔注10〕pp. 149–154 等を参照。

（22）旧約聖書における神顕現描写の様式とその歴史的発展については、J. Jeremias, *Theophanie* (WMANT 10), Neukirchen-Vluyn 1977^2 を参照。イェレミアスは神顕現の表象をヤハウェの到来と自然の震撼に分け、後者を周辺世界の影響に帰している。

（23）T・ボーマン『ヘブライ人とギリシヤ人の思惟』、植田重雄訳、新教出版社、一九五七年、二八二頁。

（24）R・オットー『聖なるもの』、山谷省吾訳、岩波文庫、一九六八年。

（25）新共同訳のヨブ一9では「利益もないのに」。ただし原語の「ヒンナーム」は、むしろ「故なく」、「必要もないのに」といったほどの意味で、ヨブ二3の「理由もなく」と同じ語である。

（26）例えば日本聖書協会口語訳（一九五一年）。なお、日本聖書刊行会新改訳（一九七三年）はべへモートのみを「かば」と訳し、「レビヤタン」はそのままカタカナで表記する。

（27）ヨブ記の締め括りをなす神の語りの含む諸問題とその解釈については、諸注解書（特にG. Fohrer, *Das Buch Hiob*（KAT 16）, Gütersloh 1963; E. M. Good, *In Turns of Tempest*, Stanford 1990）の他、O. Keel, *Jahwes Entgegnung an Ijob*（FRLANT 121）, Göttingen 1978; V. Kubina, *Die Gottesreden im Buche Hiob*（FThSt 115）, Freiburg 1979; J. van Oorschot, *Gott als Grenze*（BZAW 170）, Berlin 1987; H. P. Müller, Gottes Antwort an Ijob und Das Recht religioser Wahrheit, *BZ* 32（1988）, pp. 210–231 等を参照。

（28）オットー『聖なるもの』〔注24〕一三一―一三五頁。「私たちは、驚異の要素が荘厳なるものと結びついて、類のないほど純粋に現れているのを、ヨブ三八章において再び見る。この章は多分、宗教史全体の中で、もっとも注目すべきものの一つである」。「その根底において、この章は、合理的概念をもって汲み尽くせないある『絶対他者』の上に立っている。すなわちあらゆる概念、したがってまた目的概念に超絶している絶対の不可思議純非合理的形相の秘義、しかも驚異ならびに背理としての秘義の上に、双脚を踏みしめている」。オットーのこの記述は、今でもなお、ヨブ記のこの部分に対する最も優れた「注解」の一つであるように思われる。

（補注）神、人間、自然の三項を立て、その三項を異なる組み合わせで順次二項対一項で対立させるという方法は、注3に挙げた並木浩一「旧約聖書の自然観」から刺激を受けた（並木氏自身はこの方法を旧約学とは関係のない、上野千鶴子『構造主義の冒険』から学んだという）。ただし、本研究でそこから引き出される結論は、並木氏のものとはかなり異なっている。例えば、三種類の組み合わせのうち、〈神・人間〉対〈自然〉という組み合わせは、並木氏によれば聖書的には「そのままでは成り立たない」ので、「本稿の考察の域外である」として扱われない（一八七頁）。しかし、私見によれば、本研究（一八頁以下）で論じたように、旧約聖書の創造物語には人間が神の似姿として自然を支配するという観念があり、これが〈神・人間〉対〈自然〉という組み合わせに対応するように思われる。この意味で本研究は並木論文への対論としての性格をも持っている。

旧約聖書とユダヤ教における食物規定（カシュルート）

一

　宗教は一般に、人間の生と死に直接、間接に関わるものである。そして生物としての人間の生の基盤をなすものの一つは、言うまでもなく、食である。食生活は人間の生活の不可欠の部分をなすが、宗教の多くは、さまざまな仕方で人間の生活を律する機能を果たす。したがって、宗教が食にしばしば大きく関わるのは、むしろ当然のことと言える。世界のさまざまな宗教のうちで、食生活に関する特に厳しい戒律を持つものの一つがユダヤ教であることは、よく知られている。食物に関わる考え方と姿勢の相違が、後にユダヤ教からキリスト教が分かれる原因の一つとなったこと（マコ七14―23、使一〇9―16参照[1]）や、さらにはユダヤ教の食物規定が、豚肉や血の摂取の禁止等、後のイスラームにおける食物規定（ハラール規定）に大きな影響を与えたことも広く認識されている。したがって、宗教と食の関係を考える場合、ユダヤ教における食物規定の問題は焦点の一つをなすと思われる。

ユダヤ教の「食べてよい」食物の体系は「カシュルート」と呼ばれ、これは（食用に）「適合する」を意味するヘブライ語の「カシェル」（英語圏等では「コーシェル」とも発音する）の語に由来する。[2] カシュルートは、後述するようにはなはだ複雑怪奇な要素をも含むが、単純化すれば、三つの大きな柱の上に立つと言える。順不同で挙げれば、一つが「清い」動物の肉のみを食べ、「穢れた」とされる動物の肉を忌避すること、二つ目が食べてよい動物でもその血を摂取してはならないこと、三つ目は食べてよい動物の肉でも乳製品と一緒に食してはならないことである。

カシュルートの体系とその三本の柱は、いずれも「トーラー」（いわゆる「モーセ五書」）とその解釈を基盤としている。トーラー自体は、文献学的に見ると、単一の著者による統一的な著作ではなく、多種多様な伝承や資料が長い時代を経た複雑な成立経過の中で収集、結合、（加筆を含む）編集されて出来上がった、複合的な文書と見なされている。[3] しかし、こと食に関わる法的規定について見れば、――後述する例外を除き――そのほとんどの部分は、旧約学研究で「祭司文書」(Priestly Writing / Priesterschrift) と呼ばれる比較的後期の文書層に含まれている。[4]

祭司文書は、独特の文体や特徴的な用語法、固有の神学的観念、独特の祭儀的世界観、歴史像等を持つため、「トーラー」の中でも比較的容易に特定でき、その範囲についても研究者たちの間で大幅な合意が成立している。[5] この文書層は、聖所（出二五―四〇章）や犠牲祭儀（レビ一―一〇章、一六章）、清いものと穢れたものの区別（レビ一一―一五章）等の祭儀的なテーマに強い専門的な関心を示すことから、祭儀執行者である祭司たちによって編纂されたと考えられ、祭司文書という名称で呼ばれるようになった。成立したのは、言語的特色等からイスラエル・ユダヤの歴史でも比較的遅い紀元前六世紀前後であったと考えられるが、これはユダ王国が滅亡し、生き残りのユダヤ人たちがいわゆるバビロン捕囚に送られていた時代（前五八七―五三九年頃）にほぼ相当する。もともとイスラエルの祭司的な伝承はいわば不立文字であり、文書化されることなく祭司たちにより神殿における祭儀的実践を通じて世代から世代へと伝授されていたものと思われるが、ユダ王国の滅亡に伴うエルサレム神殿の破壊と穢れた異教の地（バビロン）への捕囚という事態から生じた、正統的祭儀伝統の断絶、消滅の危機という破局的状況に直面して、この伝統を後代まで正確に保存すべく、祭儀律法を中心に編集されたものと考えられる。[6] ただし、祭司文書自体が比較的後期に成立したものであるとしても、そこに取り入れられた伝承にはずっと古い時代から伝わってきた諸要素が含まれる可能性があることは言うまでもない。宗教において祭儀的伝統が一般的に持つ保守的、伝統墨守的な傾向を考えれば、この可能性は決して軽視できない。

二

祭司文書は、人間の――そして「神の民」としてのイスラエルの――食の問題を、天地創造からイスラエルが出エジプトを経てカナンの地に到着するまでの壮大な救済史の枠組みの中で意味づけている。[7] よく知られていることであるが、創世記一章（祭司文書による創造物語）によれば、神（エロヒーム）[8]が世界を創造したとき、神は動物には食物として「あらゆる青草」を与え、人間には「全地に生える、種を持つ草と種を持つ実をつける木」を与えた（創一29）。すなわち、創造時には人間も動物もすべてベジタリアンだった、ということになる。その直後に、「神はお造りになったすべてのものを御覧になった（ワッヤル・エロヒーム）。見よ（ヒンネー）、それは極めて良かった（トーブ・メオッド）」（創一31）という確認がなされる。これは、創造の業を終えた神が、食の秩序を含め、世界の諸秩序を全面的に肯定したことを示していると解される。神の意志した原初の世界では、ある生き物が自分の生存のために他の生き物を殺してその肉を摂取する、という可能性は考えられていなかったのである。

ところが、少し後の同じ祭司文書による洪水物語の冒頭では、「この地は神の前に堕落し、不法に満ちていた」（創六11）ことが報告され、しかもそれに続けて、「神は地を御覧になった（ワッヤル・エロヒーム）。見よ（ヒンネー）、それは堕落し（ニシュハーター）、すべて肉なる者はこの地で堕落の道を歩んでいた」（創六12）と語られ、並行的表現によって、前述の創造完了時における神による諸秩序肯定の描写（創一31）との意図的な対比がなされている。そこには、創造時の理想的な秩序がもはや乱され、「堕落」と「不法」が支配していることと、その混乱の責任が創造者である神の側にはなく、もっぱら被造物である「すべて肉なる者」の「堕落」の故であることが示唆されている。

祭司文書にはアダムとエバの堕罪物語（創二―三章）もカインとアベルの物語（創四章）も天使と人間の娘たちの相姦の物語（創六1―4）もないので、ここで具体的にどんな「堕落」や「不法」

が前提にされているのかははっきりしないが、「堕落する」と訳された原語は「破滅する」を意味する動詞「シャーハト」の再帰形で、「自分自身を破滅させる」、「互いに破滅させ合う」というニュアンスがあるし、「不法」と訳された「ハーマース」という名詞は、殺人を含む物理的な暴力や理不尽な暴虐を表すことが多い（創四九5、士九24、サム下二二49等参照）。それゆえ、すでに――肉食を含む（？）――殺し合いが始まっていることが前提にされていると考えられる。また、「堕落」の主体である「すべて肉なる者（コル・バーサール）」という表現は、旧約聖書では人間集団を指す場合もあるが（民一六22、二七16、詩六五3、一四五21等参照）、祭司文書の文脈では生物全体を表すと考えられる。直後でも、神が洪水によって「すべて肉なる者を終わらせる」（創六13）とされているからである（創六17、19、八17、九15をも参照[9]）。それゆえ、生物全体が、神の造った創造秩序を転覆させてしまったのである。

そこで神は、洪水を送って「すべて肉なる者」を全滅させようとするが、ノアの「神に従う無垢」さ（創六9）と、神が彼と結んだ「契約（ベリート）」（創六18）の故に、箱舟を用いて種の存続を許すことにする。いわば、本来ならば滅ぼされるべき動物たちが、ノアの敬虔によって救われた形になる。

洪水が終わった後、神はノアの一家、および箱舟から出た「すべて肉なる者」と契約を結び、二度と再び地上に洪水を送ることはないと約束し、虹（文字通りには「弓」（ケシェト））を「契約のしるし」とする（創九12―17）が、その際に、人間の食を取り巻く状況について、神は重要な変更を加える。今や、肉食が許可されるのである。

「動いている命あるものは、すべてあなたたちの食糧とするがよい。わたしはこれらすべてのものを、青草と同じようにあなたたちに与える」（創九3）。

これは、弱肉強食の状況が始まってしまったことに対する、神の妥協ないし、現状の追認であるようにも見える。しかしその際には同時に、創造時の神の意志に基づく理想的な世界秩序がもはや失われてしまった、というニュアンスも伴っている。

「地のすべての獣と空のすべての鳥は、地を這うすべてのものと海のすべての魚と共に、あなたたちの前に恐れおののき、あなたたちの手にゆだねられる」（創九2）。

ここには、現実の世界の弱肉強食の実情が、神の定めた元来の世界秩序から逸脱した、本来あるべき状態とは異なる、という意識が反映しているように思われる。(10)

この肉食の許可と関連して重要なのは、同時に血の摂取が禁じられていることである。これが、前述のように、後のユダヤ教の「カシュルート」の柱の一つをなす。

「ただし、肉は命である血を含んだまま食べてはならない」（創九4）。

注目すべきことは、ここで「血（ダム）」と「命（ネフェシュ）」がわざわざ等置されていることである。肉は食べてもよいが、その「命」（＝血）まで食べてはならないというのである。旧約聖書において神は、一般的に命の与え手と見なされている（創二7、サム上二6、詩三〇4、6等参照）。血は、いわばその命のエッセンスなのであり、犠牲を屠ったり動物の肉を食べたりする場合でも、「命」としての血は、その本来の与え手である神に返されねばならないのである。

他の多くの宗教でもそうであろうが、旧約聖書が「血」に関してアンビバレントな感覚を持っていることはよく知られている。古代イスラエル人は、血に対してほとんどヌミノーゼ的な畏怖の念を抱いていた。特に人間の血は、穢れをもたらすものとして忌避された。月経を含む女性の出血は周囲に穢れを伝染させるものとされた（レビ一五19―27）。新産婦が一定期間家に留まり、聖所に詣でてはならなかったのも、出産の際の血の穢れの故であった（レビ一二2―5）。不当に流された血は、地を穢すものであり（民三五33、哀四14）、復讐を求めて神に叫ぶと考えられた（創四10、九5―6、サム下四11、一六7―8）。これに反し、正式の仕方で屠った動物の犠牲の血は逆に神聖なものであり、おろそかに扱ってはならず、祭壇の側面に注いだり、基に流されねばならなかった（レビ一5、11、15等参照）。祭司の聖別（レビ八23―24）や病人の清め（レビ一四14）の際にも、犠牲の血が用いられた。「過越祭」（ペサハ）では、災いを防止する祭儀的な防御剤として用いられ（出一二7、22）、モーセによって神との契約の締結の祭儀にも用いられたという（出二四5―8）。祭司文書の犠牲規定によれば、「贖罪のささげもの（ハッタート）」等の罪の贖いのための犠牲の場合には、犠牲の血が祭壇や聖所内の祭具に塗られたり振りかけられたりして、聖所を罪の穢れから清め、贖罪の機能を果たす(レビ四5―7、16―18、一六14―15、18―19等参照)。祭司文書系の『神聖法典』(11)では、この贖いが血の中にある(おそらくは犠牲にされた動物の)「命」によることが明記され、そこでもまた、血の摂取の禁止が改めて命じられている。

「わたしが血をあなたたちに与えたのは、祭壇の上であなたたちの命の贖いをするためである。血はその中の命によって贖いをするのである。それゆえ、わたしはイスラエルの人々に言う。あなたたちも、あなたたちのもとに寄留する者も、だれも血を食べてはならない」(レビ一七11―12)。

カシュルートを支える前述の三つの食物に関わる禁止命令中、禁止の理由に当たるものが明記されているのは、この血の摂取についてだけである。宗教史的に見れば、これが生命力の増進等のために血を飲むという、呪術的・異教的習俗への反発を表現するものであったという可能性は排除できない。しかし現在ある形の旧約聖書では、血の摂取の禁止はあくまで生命への敬意とそれが神の占有物であるという神学的な観念に全面的に支配されている。

なお、血の摂取の禁止について明記する箇所は、申命記(前七世紀)、神聖法典と祭司文書(いずれも前六世紀)等、比較的遅い時代のものであるが、サムエル記上一四章32―34節には、イスラエルの最初の王サウルが、兵士たちが血を含んだまま肉を食べていたので、「大きな石」を祭壇代わりにして、血を注がせたことが記されており、この血のタブー視がかなり早い時代にまで遡ることが示唆されている。
これに対し、先に挙げた神聖法典の同じ文脈（レビ一七章）によれば、牛、羊、山羊等の犠牲に適する動物であっても、聖所で犠牲として屠ったものでなければ、殺せば「流血の罪を犯した」ものと見なされ、それを殺した者は「殺害者」と見なされる（レビ一七3―7）。犠牲用ではない動物や鳥を捕獲した場合でも、「血は注ぎ出して土で覆う」と命じられており、その根拠として、「すべての生き物の命は、その血だからである。それを食べる者は断たれる」とされている（レビ一七14）。中央聖所のみでの犠牲を定める申命記では、犠牲用動物についても世俗的な畜殺と摂食が許されるが、その場合でも、「血は命である」という理由で血の摂取が禁じられている。

「その血は断じて食べてはならない。血は命であり、命を肉と共に食べてはならないからである。血は食べることなく、水のように地面に注ぎ出さねばならない」（申一二23―24）。

これらの記述（他に申一二16、一五23、レビ三17、七26―27、一九26等参照）に基づいて、ユダヤ人は食用が許されている動物（後述）でも血を抜いて食べるようになった。具体的には、頸動脈を切って屠った動物を逆さまに吊るすなどして血抜きをする。この血抜きの習慣は、より緩やかな形であるが、イスラームにも受け継がれている。血の摂取の禁止は、キリスト教がユダヤ教から分離していく際にも最後まで問題になった四つの点の一つである（使一五20、29、二一25参照）。現在でも、キリスト教系の一部の集団が、旧約聖書の血の摂取についての箇所を「原理主義的」に解釈して、怪我や手術の際に輸血を拒否してしばしば問題になることもよく知られている。

ただし、祭司文書の歴史的文脈で重要なことは、この血の摂取の禁止が、あくまでいわば新しい「人類の祖先」であるノアとその一族に命じられていることである。すなわち、それは（まだ）イスラエルの民、あるいはユダヤ人に対して命じられたもの——そんな集団はまだ存在していない！——ではなく、全人類に対して命じられた普遍的な義務と理解されているわけである。後に見るような食べてよい「清い」動物についての厳格な規定を持つユダヤ人にとって、この箇所での血の摂取の禁止の前提となる、「動いている命あるものは、すべてあなたたちの食糧とする」という言葉が、そのまま通用するはずがない。それはあくまで、シナイ契約によって律法が啓示される以前の段階の暫定的な秩序なのである。後のユダヤ教では、創世記九章1—17節への発展的釈義から、「ノアの七戒」というものが考えられ、それはユダヤ教徒のみならず異教徒たちも守るべき普遍的な義務としていわば自然法的に理解されるようになる。そのことに応じて、ユダヤ教徒でなくともこれらの掟を守る「義なる異教徒」も、一定の救いに与ると考えられるようになった。そこでは血の摂取の禁止が、生きた動物から切り取った肉を食べることの禁止とされ、あらゆる形の残虐な行為の禁止の象徴と解釈されている[12]。

三

本格的な食物規定が命じられるのは、あくまでモーセのもとでのシナイ契約においてである[13]。食物の問題に関連して、そこで最初に問題になるのは、「あなたは子山羊をその母の乳で煮てはならない」という奇妙な命令であり、これが前述のカシュルートのもう一つの柱である肉と乳製品の混合の禁止の典拠となる。この禁止命令は、逐語的に同一の形で、「契約の書」（出二三19b）、いわゆる「祭儀的十戒」（出三四26b）、申命記法（申一四21c）内の三箇所に出てくる。この禁止命令の理由については、古来さまざまな推測がなされてきたが、中世のマイモニデスから近現代の聖書注解者までによりしばしば主張されたのが、異教の——特に先住民カナン人の——呪術的儀礼に対抗するものであるという説明である[14]。しかし、「子山羊をその母の乳で煮る」という儀礼の習慣の存在は、残された碑文資料等からはエジプトからも、シリア・パレスチナからも、メソポタミアからも知られていない。そこで、やはり中世のユダヤ教学者の多くは、これが山羊の「母」と「子」の関係に関わることに着目し、それをトーラー中に散見される、「牛、羊、山羊が生まれたときは、七日の間その母親のもとに置きなさい。八日目以後はヤハウェに燃やしてささげる献げ物として受け入れられる」（レビ二二27。なお、出二二29をも参照）、「あなたたちは牛または羊を屠るとき、親と子を同じ日に屠ってはならない」（レビ二二28）、「母鳥をその母鳥の産んだものと共に取ってはならない。必ず母鳥を追い払い、母鳥が産んだものだけを取らねばならない」（申二二6—7）という動物の親子に関する諸規定と結びつけ、――「人道的」とは言わないまでも――動物に対する共感、愛護の精神を読み取ろうとする。[15] 現代のスイスの古代オリエント図像学者オトマール・ケールも、古代オリエントでは時代や場所を問わず、牛や山羊の母が授乳しながら子を慈しんでいる図像が非常に好まれたことを示し、それ自体神聖視されていた生命の授乳による継続を人為的に――しかも功利主義的に――断ち切ることへの躊躇の意識と、生命そのものへの敬意がこの規定の背後にあるとした。[16] 他方で、生命を育むものの象徴である乳の中に、死の象徴である食用の肉――前述のように、生きた動物の肉は摂食が禁じられていた！――を入れること（生と死の混合）への違和感があるとする見方もある。[17] もし、この規定が、少なくとも現在の文脈で生と死の区別を象徴する意味を持つとすれば、これは生き物の血を命の精髄として忌避するカシュルートの第一の柱とも通底することとなり、旧約聖書の食物規定に生命主義的な精神が貫かれていることを表現するものと解することもできるであろう。

三箇所中、出エジプト記中の二箇所（出二三19b、出三四26b）では、年三度の巡礼祭についての規定（出二三14―19a、三四22―26a）の直後にその補遺のような形で母の乳による調理の禁止について記されているので、もともとは食事一般についての規定ではなく、巡礼祭儀に際しての犠牲奉献の仕方についてのかなり特殊な規定であったのかもしれない。しかし申命記の箇所（申一四21c）ではそれが清い動物と穢れた動物の区別の文脈（申一四3―21）に移されており、より一般化されている。後述するように、ユダヤ教の食物規定は、――その元来の意味や機能が何であれ――特に王国滅亡とバビロン捕囚以後の時代には、ユダヤ人としての自己同一性（アイデンティティ）

を維持するための「エスニック・マーカー」の役割を担ったと考えられる。食物についての特殊な規定は、他との差異性を強調し、ユダヤ人としての民族的同一性を維持するために、自覚的に忌避されるようになったのである。

ラビたちはこの規定をさらに一般化し、「子山羊」だけでなく食べてよいとされるあらゆる肉類（魚は除く）に、また、「乳」だけでなく、――チーズやバター等の固形物を含む――あらゆる乳製品に適用されるものとし、トーラー中に三度現れることは、両者を混ぜた料理を（自分で）食べること、（他人のために）調理すること、（販売等により）利益を得ることの三つが禁じられていると解釈した。また、「律法に垣根を巡らす」（すなわち、念には念を入れる）ために、肉類と乳製品は、収納場所も、食器や調理器具も別にし、空間的にも時間的にも分けられるべきであるとした。時間については、解釈の幅が大きく、一方を食べても水で口を漱いだり、間にパンを食べたりすれば他方を食べられるとする穏健なものから、一方を食べたら次の食事（もしくは翌日の食事）まで他方が食べられないとする厳格なものまで多様である[18]。現代のユダヤ教では、その長さはコミュニティーによって一時間から六時間くらいまで幅があるが、一般的に乳製品を口にした後より肉類を口にした後の方が長く禁食期間が続く傾向が強いようである。

四

カシュルートの体系を支える三つ目の柱で、かつその最大の要素をなすのが、「清い（タホール）」動物[19]と「穢れた（タメー）」とされる動物の区別である。この区別も、シナイ契約の中で初めて導入される。[20]これについては、レビ記一一章と申命記一四章3―18節に二重に伝承されており、両者の文章は部分的には逐語的に一致する。両者の主要な違いをまとめれば次のようになろう。

（1）文体は申命記一一章の版の方が個々の文章が簡潔であり、全体も一六節と短い。レビ記の版は四六節もあって長さは三倍近く、文体も繰り返しや説明文が多く、ややだらだらした印象を受ける。これは、祭司文書の文体の一般的傾向と一致する。

（2）申命記の版では冒頭に食べてもよい陸上動物の一覧（申一四4―5）[21]があるが、レビ記の版にはこれが欠けている。

（3）昆虫についての記述は、申命記の版ではたった一行の一般的記述で済まされている（申一四19）が、レビ記の版では、四つの節にわたって展開されており（レビ一一20―23）、[22]しかも一般的には禁止されている昆虫の中で、食べることの許されている四種類のイナゴ類の名が挙げられている（同21―22節）が、申命記の版ではこれが見られない。

（4）レビ記の版では、食べることの可否の他に、特定の小動物の死骸に触れると穢れることと、その穢れの清め方について記す長大な部分があり（レビ一一24―40）、しかも、死骸が穢れをもたらす八種類の「地上に群がる」小動物が枚挙されている(同29―30節)が、申命記の版には対応する部分がまったく欠けている。[23]

(5) レビ記の版には、これとは別に改めて「地上に群がる」小動物を食べることが禁じられているが(同41―43節)、申命記にはこれに対応する部分が見られない。[24]

(6) どちらの版にも、最後に神学的な結び(申一四21bc、レビ一一44―47)が付されているが、申命記ではイスラエルが「ヤハウェの聖なる民」であることが確認される(申一四21b)のに対し、レビ記ではヤハウェが聖なる者であるように、イスラエルも「聖なる者となりなさい」という勧告がなされる(「神聖法典」という学術的呼称はこの勧告に由来する)。

両者の文献学的関係についてはさまざまな議論があるが、一方が他方に一方的に依存すると見るよりも、共通の原形があり、それが申命記と祭司文書の双方に取り入れられてその後それぞれ独自の発展を遂げたと考える方がよいであろう。イスラエルにおいては、聖なるものと俗なるもの、清いものと穢れたものを区別するのは祭司の役割であったので(レビ一〇10、一三―一四章)、それはまず祭司的なサークルの中で基礎が築かれ、後に祭司文書に受け継がれるのと並行して、より世俗的傾向の強い申命記の方にも取り入れられたのであろう。

祭司文書に属するレビ記一一章の版の方で見ると、申命記の版になく、二次的に付け加えられた可能性の高い、特定の動物の死骸との接触から生じる穢れを扱った段落(24―40節)を除外すれば、陸上の大きな動物(2―8節)、水棲動物[25](9―12節)、羽で空を飛ぶ動物[26](13―23節)の三つが扱われ、これは祭司文書の創造物語における空と水と大地という、世界の三つの領域の区分(創一

6―10）と、それぞれに属する生き物たちの区別（創一20―21、24）に対応している。これとは別に、後半（レビ一一41―43）で「地に群がる」小動物が扱われているが、この部分も申命記の版にないことと、二次的な24―40節のさらに後ろにあることから見て、やはり後から付け加えられたものかもしれない。

　陸上の大きな動物の場合には、食べてよい動物の指標として、「ひづめが分かれ、完全に割れている」ことと「反芻する」という二つの条件を兼ね備えていることが挙げられる。したがって、犬や猫のように鉤爪を持つものや、ひづめが割れておらず、単胃なので反芻もしない馬やロバのような奇蹄類（ウマ目）は直ちに除外されることになる。なお、馬やロバは「穢れた」動物と見なされたが、もちろん乗用や荷物運び、台車や戦車の牽引用には用いられた。それを「食べる」ことだけが禁じられたのである。分かれたひづめと反芻というこの基本原則に続いて、境界例として、二つの特徴のうち一つしか具備していない動物の例として四種類のものが名指されており、食べてはいけないことが確認されている（4―7節）。らくだ、岩狸[27]、野兎は「反芻するが、ひづめが分かれていない」から不可とされる。らくだは偶蹄類に属し、反芻もするが、指が二本ありその先にそれぞれひづめがあるので、「割れている」とは見なされないのであろう。岩狸（ハイラックス）と野兎は、実は「反芻」しない。ただし、ものを食べるときに細かく、回転させるように口を動かすので、それが「反芻」していると見なされたのであろう。したがって、ここで言われる特徴は厳密に動物学的なものではなく、主観的なものであることは明らかである。ハイラックスは一見ひづめのようにも見える平たい爪を持つ（それゆえ近蹄類にも分類される）が、四本の指にそれぞれ爪があるため、「ひづめが分かれた」ものとは見なされないのである。兎類は鉤爪であるため問題外である。これに対し「いのしし」は偶蹄類でひづめが「完全に割れている」が、「まったく反芻しない」から食べてはならない。いのししを家畜化したものがブタであり、ここからユダヤ人の食物律法の象徴とも言えるブタの禁忌が生じたのである。結果として、食べてよいものは事実上、偶蹄類で反芻する牛、羊、山羊、鹿の類（申一四4―5）だけということになる。

水棲動物に関しては、「ヒレと鱗」のあるものは食べてよいとされる。個々の種類は名指されていないが、後のユダヤ教の伝統では、ヒレがあっても鱗のない、クジラ、イルカ、アシカのような哺乳類やヤツメウナギ等は禁忌であり、サメ、エイ、ウナギ、ナマズのような魚類も、生物学的には鱗があるのだが、外見上は鱗が見えないので通常は禁忌とされる。当然ながら、イカ、タコ、エビ、カニ、貝類等はすべて不可である。

羽のあるもの（オーフ）については、前半の鳥類に関しては食べてよいものの指標は示されず、二十種類の食べてはいけないもの[28]が具体的に明記されている（13―19節）。特徴的なのは、猛禽類が多く、（こうもりを含め）捕食性のものや腐肉食のものがほとんどである。飛ばない鳥については言及がないが、後のユダヤ教の伝統では、アヒル、ガチョウ、ニワトリ[29]は食べてよく、ダチョウは食べてはいけないものとされている。

これに続く、原文で言う「四本で歩く、羽のある群がるもの」（20―23節）は明らかに昆虫類[30]を指すが、前述のように、――申命記の版とは異なり――大きな跳躍肢を持つ四種のイナゴ／バッタ類[31]は食用が認められている（21―22節）。西アジアの遊牧民の間で蛋白源として広く食べられていたことを顧慮したものであろう。ただし、ユダヤ人は伝統的に、四つのヘブライ語の単語が指す個々の種類がよく分からないので、用心を期して食べるのを忌避することが多い。

これらに加えて、29―30節と41―43節では「地上に群がるもの」の摂食や死骸との接触が禁じられているが、これは、蛇(「腹で這うもの」)を含む爬虫類や両生類の他、齧歯類等を含む小動物であり、いずれも「地を這う」ように生活している生き物たちである。地面に密着した生態の故に「穢れた」ものと見なされているのであろう。

五

特定の種類の動物の摂取の禁止に関連して、当然問題になるのが、なぜそれらの動物を食べることが禁じられているのか、ということである。旧約聖書は一般に、「聖」の観念に結びついた禁忌については理由や根拠を示さないので、食物の禁忌についても、――前述の血の摂取の禁止に関して血が「命」であるという根拠が示されるのを唯一の例外として――理由に当たるものは記されない。神が禁じたから禁じられている、ということなのである。しかし、食物の禁忌を合理的に説明しようという試みは、すでに古代のユダヤ人自身の一部によってもなされていた。例えば前二世紀末頃にアレクサンドリアでギリシア語で書かれたユダヤ教弁証の書である『アリステアスの手紙』では、食用とされている動物の特性が寓意的に解釈され、ひづめの分かれていることは(善悪の)

識別の能力、反芻することは記憶の能力と結びつけられているのに対し、禁じられている鳥についてはその攻撃性と加害性が強調されている。[32] これに対し、後一世紀に同じくアレクサンドリアで活動したユダヤ人哲学者フィロンによれば、豚肉や鱗のない魚は食物中でも「最も美味」なものであり、それが禁じられたのは、「この種の肉が五感のうちでも最も卑しい味覚をとりこにし、大食という罪を生む」ことのないように抑制する、克己のためであった。[33]

中世のユダヤ教哲学者で医師でもあったモーゼス・マイモニデスによれば、禁じられた動物の肉は健康に悪い。「豚肉は必要以上に湿っており、多くの不要な物質を含んでいる」[34]。近代になって細菌学が発達すると、ブタには繊毛虫が寄生していることがあり、それがしばしば疾病を引き起こすことが指摘された。そこで、豚肉の禁止は、衛生学にも通じる古代の経験知を反映するものとも解釈された。[35]

しかし、繊毛虫の寄生は羊や山羊のような「清い」動物にも見られ、後者は炭疽菌のようなより危険な細菌を媒介することさえある。特に、この理論では、ラクダやウサギ、ウマ等、他の民族で食用にされているブタ以外の「穢れた」動物の禁忌が説明できない。

旧約聖書の食物の禁止を世界観から説明する画期的な学説が、旧約学者でも考古学者でもない、英国の文化人類学者メアリ・ダグラスにより、一九六六年に唱えられた。ダグラスは、創世記の天地創造物語に従い、世界を天、水、地上の三つの領域に区分し、そこにそれぞれの「住民」である動物たちを割り振っていく。それぞれの領域にふさわしい身体的特性と、特にふさわしい動き方の特徴を持つものは「清い」とされるが、「ある種属の特徴を不完全にしか有していないもの、あるいはある種属そのものが世界の一般的な構造を混乱させるようなもの」、要するに「場違い」と見なされるものは「不浄」とされる、というのである。「天の蒼穹には二本の足を持った鳥が翼を広げて飛んでいる。水中にはウロコを持った魚がヒレを使って泳いでいる。地には四つ足の獣が跳び、走り、または歩いて行く。これらの活動領域本来の運動能力を具えていないような動物の種属は、聖潔に反するのである」[36]。

ダグラスの理論は、旧約聖書の食物規定の解釈に新局面を拓くものとして注目を集めたが、同時に聖書釈義[37]と人類学[38]の双方の分野から厳しく批判されもした。最も批判を集めた点の一つは、ダグラスがある領域に「正則」なものと「変則」なものとを区別する、カテゴリー設定の恣意性と、結論を前提としているような循環性である。例えば、昆虫が羽で空を飛びながら、鳥のように二本足でないから「穢れた」とされるのなら、二本足で翼で飛ぶ二十種類の猛禽（13―19節）がなぜ昆虫と同様に「穢れた」とされるのかが説明できないし、「四足で歩く」陸上動物中、比較的少数のひづめの分かれた反芻動物のみが「正則」とされ、圧倒的多数の非反芻動物や鉤爪の動物が「変則」扱いされるのかもこのモデルだけでは説明できないのである。

「文化唯物論者」を自任するマーヴィン・ハリス等によれば、ダグラスのような思弁的な世界観と動物分類法を設定せずとも、ブタの禁忌は「何が食べるのによいか」という現実的、実用的な観点から十分説明できる。高温で乾燥したパレスチナの山地では、雑食性で食物消費という点で人間のライバルとなり得、しかも汗をかかないので体温の維持に水を多く必要とするブタを大量に飼育することは、費用対効果の上でペイしないのである[39]。ただし、そのような経済効率性が、特有の宗教的な「汚穢」の感覚とどのように連動しているのか、宗教学的観点からはより納得のいく説明が必要にも思われる。

ダグラスの試みにもかかわらず、旧約聖書の食物禁忌の体系を全体として一つの理論で説明することは難しいように思われる。いずれにせよ、固定した世界観やカテゴリーが先にあり、そこから個々の動物についての浄、不浄の価値づけが結果として生じるという見方には無理がある。むしろ、さまざまな理由から生じた個々のタブーが歴史を経るうちに次第に体系化され、最終的に現在あるような摩訶不思議なシステムに帰結したと見る方が理に適っていよう。その際に、ここでもまた生命を肯定し、死との結びつきが希薄なものが是とされている、という傾向はやはり否定できないであろう[40]。鳥で言えば、前述のように、禁じられているのは小動物を捕食したり死肉を食らったりする猛禽類ばかりであり、陸上動物のうちひづめの分かれたものは——ブタを除き（！）——草食動物であり、そのうち特に反芻するものは人間の食べられないセルロースを消化する能力を持ち、しかも——ブタと同様（！）——非常に良質の肉を提供してくれるものなのである。ブタの祖先のイノシシは雑食性で、諸突猛進と言われるようにかなり攻撃的な動物であったことも想起されるべきであろう。「地に群がる」小動物が一般的に「穢れた」とされたのは、地が死者の世界である陰府（シェオル）に近いとされたからかもしれない（出一五12、詩七一20、ヨナ二7等参照）。こうして見ると、血の禁忌や母の乳と子羊の肉の場合と同様、旧約聖書の清い動物と穢れた動物の区別にも、生命を尊重し、死との関わり合いの濃いものを避けようという無意識的な感覚が通底しているように思えてくる。

六

個々の動物の肉の禁忌に元来どのような理由があったにせよ、旧約聖書ではそのような理由はすっかり忘れられ、それらの禁忌は神の問答無用な命令と見なされている。歴史的に見て重要なことは、それらの禁忌を含む食物律法が体系化されたのが、前述したように、ユダヤ人が国家も土地も失い、宗教も文化も民族も異なる異郷の地に強制移住させられたバビロン捕囚の時代であったという事実である。この事態は当然ながら、伝統的なヤハウェ信仰の喪失とユダヤ人の民族解体につながる大きな危機を意味した。ユダヤ人は、今や民族としての自己同一性を失い、圧倒的に優勢なバビロニアの文化と民族に吸収されてしまう大きな脅威にさらされたのである。彼らが自己の民族的なアイデンティティを維持し、民族の解体消滅を免れるためには、内（「われわれ」）と外（「彼ら」）の差異性を意識的に強調し、自己を外的な文化環境から遮断する必要があった。捕囚民がその手掛かりとしたものの一つが、食という、人間の最も基本的な日常生活に関わる事柄の特殊性だったのであろう。[41] 周りと同じようなものを同じように食べていては、いつか同じようになってしまう。逆に、特別な食生活に徹底的にこだわれば、同化を防ぐことができるのである（ダニ一8―16をも参照）。

前述のように、レビ記の食物規定では最後の部分で、「あなたたちは自分自身を聖別して、聖なる者となれ。わたし（＝ヤハウェ）が聖なる者だからである」（レビ一一44）と命じられている。申命記の食物規定でも、最後に「あなたは、あなたの神、ヤハウェの聖なる民である」(申一四21)と規定されている。いずれの場合にも、特定の食物の禁忌が民族的な「聖性」と結びつけられているわけである。ヘブライ語の「聖なる(カドーシュ)」という語の語源についてはさまざまな議論があるが、そのもっとも有力な説明の一つは、(俗なるものから)「切り離された」という意味だとするものである。[42] 王国滅亡、捕囚という極限的な体験の中で、捕囚のユダヤ人たちは、食物律法を通じて自分たちを文字通り周囲の世界から文化的に「切り離す」ことを通じて、異教的環境の中で「聖なる民」としての自分たちのアイデンティティを維持することに成功したのであろう。

バビロン捕囚自体は、約五十年間弱で終わった。その後捕囚民の多くは、ユダヤに戻ってエルサレムを中心に民族共同体の再建に取り組んだ。しかし、捕囚中に確立されたユダヤ人の食物律法は、その後ユダヤ人を襲うことになるさらに大規模で長期間におよぶもう一つの「捕囚」においても、十全にその「効力」を発揮した。すなわちそれは、一世紀から二世紀にかけてのローマに対する二度にわたるユダヤ戦争での敗北の結果、ユダヤ人がエルサレムから追放され、再び土地なき民となって世界を流浪しながら、二千年近くもユダヤ人としての民族性を維持したという、世界史上の「奇跡」を生む原動力にもなったのである。

注

(1) 聖書からの引用は『新共同訳 聖書』を基盤とし、場合によってそれに筆者が手を加えたものである。聖書文書の略号も新共同訳の目次の方式に従う。また聖書の箇所は、章は漢数字で、節は算用数字で表す。

（2）ただし、旧約聖書自体に「カシェル」の語のこの用法は見られない。旧約聖書でこの語は、人の「意に沿う」（エス八5）とか、あることが「効果を発揮する」（コヘ一〇10、一一6）といった一般的な意味で少数の箇所に用いられているにすぎない。

（3）モーセ五書の成立に関する最近の研究動向については、野本真也「モーセ五書」、石田友雄他『総説 旧約聖書』、日本基督教団出版局、一九八四年、八一―一二四頁。大住雄一「モーセ五書」、池田裕他監修『新版 総説 旧約聖書』、日本基督教団出版局、二〇〇七年、九四―一七三頁。木幡藤子「最近のモーセ五書研究を整理してみると」、『聖書学論集28』、一九九五年、一―五二頁等参照。

（4）『総説 旧約聖書』〔注3〕一八〇―一九一頁。『新版 総説 旧約聖書』〔注3〕一六〇―一六四頁。木幡藤子「祭司文書」、樋口進／中野実監修『聖書学用語辞典』、日本基督教団出版局、二〇〇八年、一二九―一三一頁等参照。

（5）その範囲を総覧したものとして、例えば、M・ノート『モーセ五書伝承史』、山我哲雄訳、日本基督教団出版局、一九八六年、三六―三八頁等参照。

（6）注4に挙げた文献の他、旧約聖書翻訳委員会訳『出エジプト記・レビ記』、岩波書店、二〇〇〇年、四二一―四五三頁所収の山我哲雄「レビ記解説」をも参照。

（7）以下については、山我哲雄「祭司文書の歴史像」、旧約聖書翻訳委員会編『聖書を読む――旧約篇』、岩波書店、二〇〇五年、二一七―六三頁をも参照。

（8）祭司文書は原初時代については神名「ヤハウェ」を用いず、より一般的な普通名詞「エロヒーム」を用いる。

（9）同じ洪水物語でも、非祭司文書系の伝承（従来のいわゆる「ヤハウィスト」）では、「人の悪」が強調され、動物たちは「人の罪」の巻き添えになって洪水の被害者になるように読める（創六5―8参照）。この点では、祭司文書の物語の方が「論理的」である。

（10）同じような観念は、終末的な救済の時を遠望するイザヤ書一一6―9にも反映している。

（11）これについては、樋口進「神聖法集」、『聖書学用語辞典』〔注4〕一八六―一八七頁。山我「レビ記解説」〔注6〕四五三―四五九頁参照。

（12）バビロニア・タルムード『サンヘドリン』56 a。

なお、ノアの七戒の内容は以下の通りである。（1）社会的正義（法体系を確立する義務）、（2）冒瀆の禁止（偽証を含む）、（3）偶像崇拝の禁止、（4）不品行の禁止（姦淫や近親相姦、他のあらゆる性的逸脱を含む）、（5）殺人の禁止、（6）盗みの禁止、（7）生きている動物から切り取った肉を食べることの禁止。ノアの七戒については、C. Clorefene/Y. Rogalsky, *The Path of the Righteous Gentile: An Introduction to the Seven Laws of the Children of Noah*, Southfield 1987 等をも参照。

（13）ただし、この間に族長ヤコブがペヌエルという場所で「神」（?）と格闘をし、腿を痛めて足を引きずるようになったので、「イスラエルの人々」が「腿の関節の上にある腰の筋を食べない」ようになったとされている（創三二25―32）ので、これも個別的な食物に関わる掟となった。ここで問題にされているのは坐骨神経（*nervus ischadicus*）の束であり、もともと生殖器官の一部と見なされてタブー視されていたものが、物語の中で原因譚的に説明されているのであろう。

（14）研究史については、O. Keel, *Das Böcklein in der Milch seiner Mutter und Verwandetes: Im Lichte eines altorientalischen Bildmotivs* (OBO 33), Göttingen 1980, pp. 28–40.

（15）研究史については、Keel, *Das Böcklein*〔注14〕pp. 16–28 参照。

（16）Keel, *Das Böcklein*〔注14〕

（17）C. M. Carmicael, *The Spirit of Biblical Law*, Athens 1996, pp. 127–129 等参照。

（18）　この問題をめぐるラビたちの議論については、D. C. Kraemer, *Jewish Eating and Identity Through the Ages*, London/New York 2007, pp. 39–54 等を参照。

（19）「清い動物」には広義と狭義があり、前者は食べることの許される動物であるが、後者は犠牲にささげることの許される動物である。後者は前者中の部分集合であり、家畜に限られ、事実上、牛、羊、山羊、二種の鳩に限定される（レビ一章参照）。これに対し、食べてもよい動物には、条件を満たす野生動物を狩ったものも含まれる（レビ一七13、申一二20―22、一四5―6参照）。ここでは、広義の食べることの許される動物のみについて扱う。

（20）　創世記の洪水物語中の非祭司文書系（いわゆる「ヤハウィスト」）の文脈では、箱舟に入るのは「清い動物」は七つがいずつ、「清くない動物」は一つがいずつとされている（創七2―3）が、祭司文書系の文脈では、すべての動物が雌雄二つずつであったとされる（創六19、七15―16）。清い動物とそうでない動物の区別がモーセの時代にシナイ契約の枠内で初めて神から指示されることを勘案すれば、祭司文書の見方の方が論理的に一貫性がある。ノアの時代には、まだこの区別がなかったのである！

（21）　新共同訳によれば、「牛、羊、山羊、雄鹿、かもしか、子鹿、野山羊、羚羊、大かもしか、ガゼル」。ただし、個々の動物の種類の同定には議論がある。

（22）　新共同訳によれば、「いなごの類、羽ながいなごの類、大いなごの類、小いなごの類」。ただし、個々の種類の同定には議論がある。パレスチナでは、むしろバッタの類が多い。

（23）　モグラやネズミ等の齧歯類や、カエルのような両生類も含まれるので、新共同訳の意訳「爬虫類」は適切ではない。原文（シェレツ・ハショーレーツ・アル・ハアーレツ）は文字通りには、「地上に群がる群れ」。

（24）　前注を参照。

(25) 9節では、新共同訳では「魚類」とされているが、原文（コル・アシェル・バッマーイム）は直訳すれば「水の中にいるすべてのもの」で、「魚（ダグ）」の語は用いられていない。魚類の他、クジラやイルカのような哺乳類、イカやタコ等の軟体動物、エビやカニ等の甲殻類、貝類も含まれる。

(26) 13節では、新共同訳では「鳥類」となっているが、原語（オーフ）は直訳すれば「翼のあるもの」で、「鳥（ツィッポル）」の語は用いられていない。鳥類の他、コウモリ（19節）や昆虫（20―23節）も含まれる。13―19節（鳥類）と20―23節（昆虫）が別のカテゴリーをなすのではなく、13―23節が「翼あるもの」という一つのカテゴリーをなし、13―19節と20―23節はその内部のサブ・カテゴリーをなすと考えられるべきである。

(27) ハイラックス。耳を短くした兎のような形状で、おとなしく、岩山等に生息するが、分類学的、解剖学的には何と、象やジュゴンに近い。

(28) 新共同訳では、「禿鷲、ひげ鷲、黒禿鷲、鳶、隼の類、鳥の類、鷲みみずく、小みみずく、虎ふずく、鷹の類、森ふくろう、魚みみずく、大このはずく、小きんめふくろう、このはずく、みさご、こうのとり、青鷺の類、やつがしら鳥、こうもり」。ただし、個々の動物の種類の同定には議論がある。新共同訳は妙にふくろうやみみずくの類に関心を寄せすぎる傾向がある。他国語の訳を見ると、ウ、カモメ、ペリカン、ダチョウ等と解するものも多い。

(29) これらについて、聖書にはなぜかどこにも言及がない。ニワトリについては、印章等からヘレニズム時代にはパレスチナで飼われていたことは間違いないが、旧約聖書時代に家禽化されていたかどうかは不明である。

(30) 周知のように昆虫は一般的に六本の肢を持っているが、20―23節ではなぜか、三度にわたって「四本の上で歩くもの（ホーレーク・アル・アルバア）」、「四本の肢のあるもの」と、肢が四本であることが強調されている。これについて、各注解書にも納得のいく説明は見出せなかった。ひょっとして、一番前の一対の肢は「手」と認識されているのであろうか（?）。

（31）注22を参照。

（32）「アリステアスの手紙」、一四三―一六六。『聖書外典偽典3』、教文館、一九七五年、五二―五五頁。

（33）Philo, *Spec. Leg.* 4, 100–101.

（34）Moses Maimonides, *The Guide of the Perplexed. Translated and with an Introduction and Notes by Shlomo Pines*, Vol. 2, Chicago 1963, p. 598.

（35）研究史については、W. Houston, *Purity and Monotheism: Clean and Unclean Animals in Biblical Law* (JSOTS 140), Sheffield 1993, pp. 69–78.

（36）メアリ・ダグラス『汚穢と禁忌』、塚本利明訳、ちくま学芸文庫、二〇〇九年、一四四頁。原著は、M. Douglas, *Purity and Danger: An Analysis of Concepts of Pollution and Taboo*, London 1966.

（37）例えば、J. Milgrom, *Leviticus 1-16*（AncB 3）, New York 1991, pp. 719–727; E. Firmage, The Biblical Dietary Laws and the Concept of Holiness, in: J. A. Emerton（ed.）, *Studies in the Pentateuch*（VTS 41）, Leiden 1990, pp. 177–208; W. Houston, *Purity and Monotheism*〔注35〕pp. 93–122.

（38）例えば、エドマンド・リーチ『聖書の構造分析』、鈴木聡訳、紀伊国屋書店、一九八四年、三八―三九頁（「愚かなたわごと」）。マーヴィン・ハリス『食と文化の謎』、板橋作美訳、岩波現代文庫、二〇〇一年、九〇頁等参照。

（39）ハリス『食と文化の謎』〔注38〕八三―一一四頁、および同『文化の謎を解く――牛・豚・戦争・魔女』、御堂岡潔訳、東京創元社、一九八八年、三六―五八頁参照。

（40）もちろん、肉食性の動物は狩猟等のための運動性の故に筋肉が多く、肉に臭みがあってあまり「旨くない」という現実的な理由も作用しているかもしれない。

（41）　食物の制限と並んで、メソポタミアの周辺諸民族の文化に見られなかったために、ユダヤ人の民族的同一性を維持、強化する手段として、捕囚時代に特に強調されるようになった伝統的慣習に、割礼（創一七10―14）と安息日の厳守（創二1―3、出三一13―17）がある。この二つの要素もまた、祭司文書において、特別の神学的意味づけを与えられている（本注の括弧内の箇所を参照）。これについては、山我哲雄『聖書時代史　旧約篇』、岩波現代文庫、二〇〇三年、一七八―一八一頁、K. Grünwaldt, *Exil und Identität: Beschneidung, Passa und Sabbat in der Priesterschrift* (BBB 85), Frankfurt a.M. 1992 等参照。

（42）　例えば、W. J. Kornfeld/H. Ringgren, Art. qdš, in: *ThWAT* VI (1989), pp. 1181-1182 等参照。

旧約聖書における「平和（シャーローム）」の観念[1]

一　平和研究と旧約聖書

有史以来人類は常に平和を希求してきたが、それにもかかわらず、実際には数限りない争いや戦いを繰り返してきた。特に二十世紀に入り、人類が地球を何十回も破壊することのできる熱核兵器を手にしたことにより、人類が破滅を避け真の平和を確立できるか否かはまさに焦眉の問題になったと言ってよい。このような認識に立ちつつ、第二次大戦後、その経験を踏まえ、さまざまな分野の研究者が積極的に平和研究に乗り出した。一九五〇年代後半から六〇年代にかけて、東西ヨーロッパ、カナダ、アメリカ、北欧等に次々と平和研究機関が設立され、一九六五年には「国際平和研究学会」が組織され、活発な国際交流のもとに内容豊かな平和研究が行われるようになった。日本においても一九六六年には「日本平和研究懇話会」、一九七三年には「日本平和学会」が組織され、さらに一九八〇年には日本で「アジア平和研究国際会議」が開催されたことを契機に「アジア平和学会」が設立され、現在に至るまで多方面からの研究活動が活発に行われている[2]。平和研究は、二十世紀に生まれた最も重要な、かつ緊急性を持った学問領域の一つであると言ってよいであろう。

平和研究の大きな特色は、その包括性・多様性と、その著しい学際的性格、そして研究分野間の活発な交流と密接な協力関係にあると言えよう。戦争は人間の生活のあらゆる側面を巻き込む現象であり、また平和は人間の生活のすべての領域に及ぶべき事柄である。このことに対応して、戦争の諸原因や平和の諸条件は、人間の精神的、社会的、政治的、文化的、自然的活動のすべての領域に何らかの形で関係している。したがって平和研究は必然的に学際的研究たらざるを得ず、各研究者には、専攻分野の如何にかかわらず、それぞれの分野から戦争と平和という全人類に普遍的に関わる問題に関して考察し、それによってたとえいかに間接的であるにせよ、他の多くの研究分野と協力しつつ、戦争とそれに伴う全人類的な悲惨を回避し、普遍的な平和確立のために寄与することが求められている。自分の専門分野に閉じ籠もり、この普遍的かつ焦眉の問題に対して判断停止することは許されないし、またありうべきことでもない。最近各地の大学で、平和研究所やそれに類する研究機関の設立が相次いでいることも、そのような認識の現れであると言えよう。

このような状況の中では、古代文学の研究者、聖書の研究者も、自分の専門とする領域を通じて平和の問題を考え直すことが要求されるし、またそのようにすることに意義があるのではなかろうか[3]。本稿は、筆者がこれまで比較的頻繁に関わってきた旧約聖書を素材に、そこにおける平和の観念に関して考察を試みようとするものである。

旧約聖書は、一般的には、到底平和的な書物という印象を与えない。そこには残忍な殺戮や、激しい戦いとその悲惨な結果についての描写が満ちているからである[4]。このことは、イスラエル民族が辿った過酷な歴史と関連している。しかし、人類の精神史において最初の普遍的な恒久平和の理念を打ち出したのもまた、後述するように旧約聖書なのである。もちろん旧約聖書においても、平和についての観念や思想は決して統一的でもないし首尾一貫してもいない。結論を先取りするようであるが、旧約聖書の平和の観念の展開の歴史は、偏狭なナショナリズムと選民意識に基づく排他的・一面的な平和の観念の限界と挫折を例証するとともに、他方でそれを超えたところでの真に普遍的な平和への希求の意義と必要性を指し示す点で、現代に生きるわれわれにとってもまことに示唆するところが多いように思われる。

旧約聖書が生み出した三つの有力な宗教であるユダヤ教、キリスト教、イスラム教は、歴史を通じて数々の戦争や紛争を引き起こしたり、あるいは少なくともその原因の一部を提供したりしてきた。現在においてもなお、——パレスチナ問題や湾岸戦争にも示されたように——世界各地での紛争において、これらの三つの宗教が直接・間接に少なからぬ役割を果たしていることは周知の事実である。特にこれら三つの宗教に関わる者は、今こそ、いわば原点であり共通の母体である旧約聖書の平和についての証言と教訓に真摯に耳を傾けるべきではなかろうか。

二　「シャーローム」の語義

われわれが「平和」という語で呼ぶ事態は、旧約聖書のヘブライ語では「シャーローム」という語で表される。しかし、「シャーローム」について学問的に論じられる際に常に強調されるように、このヘブライ語の言葉は、単にわれわれの言う「平和」だけでなく、より広い意味内容を持っている。(5)

まず第一にそれは、単に消極的に戦争の欠如を意味するだけでなく、より積極的に、個人間、集団間、民族・国家間に友好と調和と幸福が保たれている状態、あるいはさらに、人間の生活においてあらゆる意味で望ましいことが実現している理想的な、欠けや歪みがないという意味で十全な状態を意味するからである。この語のそのような包括的な意味内容は、例えば日本の口語訳聖書において、「シャーローム」の語に文脈により、「平和」以外に、「あいさつ」、「安心」、「安泰」、「安否」、「好意」、「幸福」、「親しい」、「健やか」、「善」、「繁栄」、「無事」、「平安」、「むつまじい」、「安らか」、「やわらぎ」、「和」、「和解」等、実に全部で三十二種類の訳語が当てられていることに象徴的に現れている。(6)

ヨハネス・ペーデルセンによれば、シャーロームとは、「魂の十全な展開」であり、「すべてのものがあるべき状態にあること」であり、「イスラエル人が『よい（good）』という語で理解していた事柄すべてを含む」ものである。「それは、幸福と自由な発展のあらゆる形態を表すが、その核をなすものは、他者との共同生活であり、生の基盤である」[7]。それは、ゲアハルト・フォン・ラートによれば「共同関係の無傷性、完全性、重量が釣り合っている状態、二人の当事者の間のあらゆる要求と必要性の均衡がとれている状態」[8]、クラウス・ヴェスターマンによれば、「有機体、人間の共同体、都市、集団、家族、民族」等が「十全、完全、ないし無傷といった性格を持っていること」、「共同体の健全な存在（Heilsein）、全部のものがそろっている存在（Ganzsein）、損なわれていない存在（Intaktsein）」を表す[9]。ハンス・ハインリヒ・シュミートによれば、それは「留保なしに肯定的と呼び得る状態」[10]、「生を可能にする秩序づけられた状態が成立していること」であり、イェリス・イェルレマンによれば、それは「或る者にとって十分で満足すべき状態」である[11]。

より具体的に見れば、シャーロームとは、単に集団間、民族間の友好的な関係（創三四21、申二26、ヨシュ九15、士四17）だけでなく、より一般的に、何の心の煩いもなく安心して何かを行うことのできる状態（出四18、士一八6、一九20、サム下一五9）、元気で健全に暮らすことのできる状態（創二九6、四三27―28）、危険に遭遇しても命に別状がないこと（士六23、サム下一八29、32）、不満や異論のない状態（サム上二九7、サム下一五27）、さらには長寿（箴三2）や大地の豊穣（ゼカ八12、詩一四七14）をさえ意味し得る。逆にシャーロームのない状態とは、幸福を奪われた状態（哀三17）、健康を損なった状態（詩三八4）等をも表現する。シャーロームの状態にある者は、安心してぐっすりと眠ることができる（レビ二六6、詩四9、エゼ三四25）。「私のシャーロームの人」とは気をゆるすことのできる親しい友人であり（創三四21、詩四一10、エレ二〇10、三八22）、逆に憎しみや嫉妬があると、相手と「穏やか（シャーローム）に話すこと」もできなくなる（創三七4）。

「シャーロームのうちに死ぬ」とは、事故や病気による若死にでも、意に反して殺されるのでもなく、天寿を全うして満ち足りて死ぬことである（創一五15、王下二二20、ヨブ二一13、エレ三四5）。

ここではまず、「シャーローム」の語が挨拶に用いられたということに着目してみよう。[12] これは、アラブ人のアラビア語の挨拶である「サラーム」に対応する。古代イスラエル人（現代のユダヤ人もそうであるが）やアラブ人が挨拶に「平和」に当たる語を用いるのはまことに示唆的であり、このことは彼らの置かれていた厳しい状況と無関係ではないように思われる。この二つの民族は、いずれも遊牧的な過去を持つ。遊牧民の世界では、限られた牧草地や水場をめぐって激しい氏族間、部族間の争いが繰り広げられるのが常であった。彼らにとっては、生きるためには戦いが不可欠であり、自分たちとは別の集団――遊牧民にとって集団を離れた個人というものは存在しない――は、味方であるか敵であるかのいずれかであった。味方でも敵でもない第三者というものは存在しなかった。したがって、自分たちとは別の存在に出会うときに最も大きな関心事になったのは、相手が味方であるのか敵であるのか、ということであった。それゆえ彼らは、「シャーローム／サラーム」の挨拶を交わし合うことによって、互いに自分たちが害を与える存在ではないこと、友好的・調和的な関係を保ち合うことを確認しなければならなかったのであろう。逆に言えば、二つの集団が出会うときに、常にあえてそのような「シャーローム」を確認し合うことが不可欠だったほど、彼らの生活は平和に乏しく緊張に満ちたものだったのであり、それだからこそ、「シャーローム」の確立が真剣かつ熱心に希求されたのであろう。こうして見れば、天候の話題で挨拶を交わすわれわれは、いかにも農耕民的でのんびりしたものだということになろうか。

遊牧生活を放棄して農耕生活に転じ、さらに国家社会を建設した後にも、このようなイスラエル人の心性に基本的な変化はなかった。「シャーローム」の語を用いた典型的な挨拶は、サムエル記上二五章6節に見られる。そこではサウルに追われ各地を転々としていたダビデが、裕福な羊飼いナバルに食料の提供を求めるために従者たちを遣わして、次のように言わせている。「あなたにシャーローム、あなたの家にシャーローム、あなたのものすべてにシャーロームがありますように」。

意外な人物の突然の来訪は胸騒ぎを起こさせる。そのような場合、例えばバト・シェバが夫の別の妻の息子であり、自分の息子ソロモンのライバルであったアドニヤの訪問を受けたときに、次のような会話が交わされた。「あなたがおいでになったのはシャーローム（なこと）のためでしょうか?」。「ええ、シャーローム（なこと）のためです」（王上二13。なおサム上一六4―5等をも参照）。

そのようなシャーロームが破られる場合には、恐るべき暴虐と殺戮と破局が訪れることになる。有名なイエフによるクーデターの場面を見よう。オムリ王朝代々の異教振興政策に憤った将軍イエフは、クーデターを決意し、王のもとに進軍する。何も知らないヨラム王はいつものようにイエフに何度ものんきな挨拶を送る。「イエフ、シャーロームであるか?」。これに対するイエフの返答はこうであった。「あなたの母イゼベルの姦淫と魔術がさかんに行われているというのに、何がシャーロームだ!」（王下九17―22）。こうしてイエフは王とその王族を皆殺しにしてみずから王位についたのである。(13)

個人間・集団間にシャーロームな状態を前提とし、かつその関係の確実性を保証するものが、法的行為としてのベリート、すなわち「契約」（ないし国家間の場合には「条約」。両者は同じヘブライ語で表される）である。例えば創世記二六章でイサクとのこじれた関係を修復しようとしたペリシテ人アビメレクは、「われわれがかつてあなたに害を加えず、あなたに対して良いことしか行わず、あなたを平安（シャーローム）のうちに送り出したように、あなたもわれわれに悪いことを行わないでください」と言って、彼の集団と契約（ベリート）を結ぶことを申し出る。こうして両者は契約を結び、「彼らはシャーロームのうちに彼のもとから去って行った」とされる（創二六29―31。なお二一22―32の同じような場面をも参照）。同じように、和解したヤコブとラバンは、「互いに悪意をもって境界を越えて相手の領域に侵入しない」ことを誓って、契約を結ぶ（創三一43―三二1）。同じことは国家間の関係についても言える。列王記はソロモン時代のイスラエルとフェニキア人の国ティルスとの関係について、次のように述べている。「ヒラムとソロモンの間には平和（シャーローム）が保たれ、両者は条約（ベリート）を結んだ」（王上五26。なお王上二二45等をも参照）。

「シャーローム」は、人間社会における欠けのない、望ましく健全な状態を表す観念として、当然ながら倫理的秩序とも密接な関係を持っている。人間は常に正義と公正を希求するからであり、ルートヴィヒ・ケーラーの当を得た言葉によれば「シャーローム」とは、「共同体の成員がお互いに自分たちの主張や要求が公平に裁かれている現実を見て知っている、という状態が前提となってこそ可能[14]」なものだからである。

このことは、しばしば「シャーローム」の語が規範的秩序への一致を表す「正義（ツェダカー）」の語と並んで用いられることに端的に示されている。例えば「正義が造り出すものは平和であり、正義が生み出すものはとこしえに安らかな信頼である」（イザ三二17）、「慈しみとまことは出会い、正義と平和は口づけする」（詩八五11）ということが言われ、正義と平和をともに実現することが求められる。「あなたたちのなすべきことは次のとおりである。互いに真実を語り合え。城門（すなわち裁判の場）では真実と正義に基づき平和をもたらす裁きをせよ」（ゼカ八16）。「悪を避け、善を行い、平和を尋ね求め、追い求めよ」（詩三四15）。

ヘブライ語の詩文に特徴的な並行法の表現によれば、正義と平和はほぼ同義語として用いられる。「わたしの命令に従うなら、あなたの平和は大河のようになり、あなたの正義は海のようになる」（イザ四八18）。「わたしがあなたに与える命令は平和、あなたを支配するものは正義」（イザ六〇17）。正義が損なわれているところに真の平和はない。不正の道を歩む者は「平和の道を知らない」（イザ五九8）。それゆえ「神に逆らう者の平和」を見ることは神義論に関わる疑問を引き起こす（詩七三3、ヨブ二一9）。

他方において、旧約聖書における「シャーローム」は、戦争と絶対的に相容れないものでも、戦争の存在をまったく排除するものでもない。もちろん、シャーロームはしばしば戦争（ミルハーマー）の対義語として用いられ（王上二5、詩一二〇7、コヘ三8、ミカ三5）、戦争のない状態（サム上七14、サム下一〇19、王上五4、詩一四七14、エレ一四13）や、戦争終結行為としての講和（サム下一〇19、王上二〇18）を意味する。しかし、シャーロームが物事のあるべき、望ましい状態を意味する以上、戦争そのものが問題になっている場面においては、シャーロームが戦争の上首尾な展開、すなわち勝利を意味することになる。追い詰めた敵に「シャーロームを呼びかける」とは、降伏を勧告することであり、その結果、投降者たちはイスラエルの奴隷となる（申二〇10―14、ヨシュ九15、27）。戦いから「シャーロームのうちに」帰って来るとは、勝利者として凱旋してくることを意味する（ヨシュ一〇21、士八9、一一31、王上二二27―28）。それは単に戦争が終了したことを中立的に意味するのでなく、あくまで戦争に勝利した後の状態を意味するのである（それゆえ口語訳聖書では、このような場合のシャーロームがまさに「勝つ」、「勝利」等と訳される）。戦況が有利に展開しているかどうかを尋ねる際に、「戦争のシャーロームを尋ねる」（サム下一一7）という表現が用いられることはまさに典型的である。それは、「戦いがうまくいっているか」というほどの意味である。二つの集団の「シャーローム」の間に対立があるとき、一方は、自分たちの「シャーローム」を確保するために、他方の「シャーローム」を犠牲にしなければならない。そのような場合、まさに「シャーローム」のための戦いが行われることになるのである。

これまでは主として、世俗的な領域における「シャーローム」の用法と意味について考察してきたが、最後にこの語が神との関わりにおいて高度に宗教的な意味を持って用いられる場合について簡単に見ておかねばならない。

人間生活の個々の場面でシャーロームを実現するのは、当事者間の信頼関係と合意であり、前述のように多くの場合契約締結行為であるが、イスラエル人はそれが結局は神の意志に適うものであることを知っていた。「ヤハウェをあがめよ、御自分の民のシャーロームを望む方を」（詩三五27）。「シャーロームがあるように、遠くの者にも近くの者にもシャーロームがあるように。わたしは彼を癒す、とヤハウェは言われる」（イザ五七19）。彼らはまた、真の意味でのシャーロームが究極的には神の力によって実現するものであり、神の恵み、賜物としてほとんど救いと同義語であることも知っていた。「ヤハウェは民に力をお与えになる。ヤハウェは民を祝福してシャーロームをお与えになる」（詩二九11）。「ヤハウェはシャーロームを宣言される。御自分の民に、御自分の慈しみに生きる人々に、彼らが愚かなふるまいに戻らないように。彼を畏れる人に救いは近く、栄光はわたしたちの地に留まる」（詩八五9—10）。「見よ、わたしは彼女（エルサレム）に向けよう、シャーロームを大河のように、国々の栄えを洪水のように」（イザ六六12。なお同四八18をも参照）。神の救いとしてのアッシリアの支配からの解放（ナホ二1）やバビロン捕囚からの帰還（イザ五二7、五五12）等が、しばしばシャーロームの到来として告知されたのもこのことと無関係ではない。

人々は常に、シャーロームが満ち溢れるように神に祈った。「ヤハウェが御顔を向けてあなたを照らし、あなたに恵みを与えられるように。ヤハウェが御顔をあなたに向けて、あなたにシャーロームを賜るように」（民六25—26）。「ヤハウェよ、シャーロームをわたしたちにお授けください。わたしたちのすべての業を、成し遂げさせてくださるのはあなたです」（イザ二六12）。「あなたを愛する人々にシャーロームがあるように。あなたの城壁のうちにシャーロームがあるように。あなたの城郭のうちにシャーロームがあるように」（詩一二二6—7。なお詩一二五5、一二八6をも参照）。

人間同士の対立のない調和的関係がシャーロームと呼ばれるように、人間と神との間の信頼と恵みに満ちた親密な関係も「シャーローム」と呼ばれ得る。「わたしを砦と頼む者は、わたしとシャーロームをなすがよい。シャーロームをわたしとなすがよい」（イザ二七5）。後述する神が人間と「平和の契約」を結ぶという表象（エゼ三四25、イザ五四10）も、このような観点から見ることができるであろう。ただし、「神とのシャーローム」を語るこのようなテキストが少数であり、旧約聖書においてはむしろ例外的であることも指摘しておかねばなるまい。[15]

三　聖戦と聖絶

さきに旧約聖書は必ずしも平和的な書物という印象を与えない、ということを述べたが、この傾向はとりわけ、旧約聖書の中でも比較的古い伝承に遡る部分に著しい。そしてこのことは、最古のイスラエル人たちがカナンの地（現在のイスラエル／パレスチナ）において、戦いによって自分たちの生命と土地と生活を勝ち取っていかねばならなかったという事実を反映している。このことに対応して、研究者の間で旧約聖書に含まれた伝承中最も古いものとみなされているいくつかの詩文には、いずれも強烈に好戦的な気分が漲っており、それらの中でヤハウェは、何よりもまずイスラエルを勝利に導く戦いの神として登場する。いわゆる「海の奇跡」との関連で伝承されている「ミリアムの歌」は、ヤハウェによって与えられた救済と勝利を次のように歌っている。「ヤハウェに向かって歌え。かれは大いなる威光を現し、馬と乗り手を海に投げ込まれた」（出一五21）。これをさらに発展させたいわゆる「海の歌」（出一五1―16）は、「戦士（イーシュ・ミルハーマー）」としてのヤハウェの活動を次のように歌いあげる。「ヤハウェこそ戦士。ヤハウェこそその御名。……

ヤハウェよ、あなたの右の手は力によって輝く。ヤハウェよ、あなたの右手は敵を打ち砕く。あなたは大いなる威光をもって敵を滅ぼし、怒りを放って、彼らをわらのように焼き尽くす」(出一五3、6―7)。神の箱を先頭に立てた行列が出発する際には、常に次のように唱えられたという。「ヤハウェよ、立ち上がってください。あなたの敵は散らされ、あなたを憎む者は御前から逃げ去りますように」(民一〇35)。

やはり非常に古い伝承に遡るものと思われるいわゆる「バラムの歌」では、次のように歌われる。「エジプトから彼らを導き出された神は、彼らにとって野牛の角のようだ。彼らは、敵対する国を食らい尽くし、骨を砕き、矢で刺し通す」(民二四8)。イスラエルがカナンの平野部をめぐってカナン都市国家の連合軍と戦っていた時代の「デボラの歌」は、星々や川の流れさえイスラエルの戦いに加わった次第を歌った後に、次のように締め括られる。「ヤハウェよ、あなたの敵がことごとく滅び、かれを愛する者が日の出の勢いを得ますように」(士五31)。

旧約聖書自身の証言によれば、イスラエルはカナンの地への侵略者として登場する。すなわち古代イスラエル人の自己理解によれば、彼らは神の選びと祝福を受けたアブラハムの子孫であり、彼らの十二部族はアブラハムの孫ヤコブの十二人の息子の子孫であって、いずれもエジプトでの苦難からヤハウェによって救い出され、「乳と蜜の流れる地」であるカナンの地に導かれた。そしてヨシュア記によれば、彼らは神の命令により一気呵成にカナンの地を征服したのである。「今、あなた(ヨシュア)はこの民すべてと共に立ってヨルダン川を渡り、わたしがイスラエルの人々に与えようとしている土地に行きなさい。モーセに告げたとおり、わたしはあなたたちの足の裏が踏む所をすべてあなたたちに与える」（ヨシュ一2―3）。「ヤハウェが先祖に誓われた土地をことごとくイスラエルに与えられたので、彼らはそこを手に入れ、そこに住んだ。……ヤハウェがイスラエルの家に告げられた恵みの約束は何一つたがわず、すべて実現した」（ヨシュ二一43―45）。

したがって、イスラエルの自己理解によれば、イスラエルという民族は、共通の血縁と歴史によって結び合わされた統一体であった。しかし現代の歴史的研究によれば、そのような観念はイスラエルの民族的自己同一性の表現にすぎず、イスラエルという民族は、血縁も歴史も異にするパレスチナ内外の主として未定着的な諸集団が、――おそらくはそれらの一部にすぎない出エジプト集団のもたらした――ヤハウェという強力な戦いの神のもとに団結して結成した部族連合として成立したものである。最近では、このようなイスラエル部族連合に参加した人々の中に、カナン自体の下層民も多数含まれていた可能性が注目されている[16]。また、実際のカナン征服も、ヨシュア記に理想的・図式的な仕方で描かれているように連戦連勝の勢いで短期間に成し遂げられたわけではなく、士師記一章19節等にも示唆されているように、イスラエルが手にできた土地は差し当たっては、土地条件も悪く都市国家のあまり存在しなかった山地に限られていたらしい。その後イスラエルは、「デボラの歌」に描かれているような戦いを重ねながら、次第にカナン都市国家群の支配する平野部にも進出していったのである。士師記に描かれているような好戦的な気風に満ちた英雄たちの武勇伝も、そのような時代の雰囲気の中から生まれたものと思われる。

いずれにせよ、イスラエルの人々が戦いによって土地と生活を確保しなければならなかったことは疑いもない事実である。すなわち彼らにとっては、戦いこそ自分たちの「シャーローム」をもたらすものに他ならなかったのである。イスラエルがカナンの地全土を完全に手中に収めたのは、後述するダビデの時代であったと考えられる。他のすべての古代民族、とりわけ古代オリエント世界の民族にとってそうであったように、イスラエルにとっても戦争は単に政治的、軍事的な出来事であるばかりでなく、場合によって程度の差こそあれ、宗教的な意味を持った出来事であった。それは神の名によって、神のために遂行される「聖戦」であり、究極的にはヤハウェ自身の戦いとしての「ヤハウェ戦争」であった。[17]「彼らを恐れてはならない。わたし（ヤハウェ）は既に彼らをあなたの手に渡した」（ヨシュ一〇8）。「あなたたちの前を進まれるあなたたちの神ヤハウェ御自身が、あなたたちのために戦われる」（申一30）。「イスラエルよ、聞け。あなたたちは、今日、敵との戦いに臨む。心ひるむな。恐れるな。慌てるな。彼らの前にうろたえるな。あなたたちの神ヤハウェが共に進み、敵と戦って勝利を賜るからである」（申二〇3―4）。

イスラエルの敵はすなわちヤハウェの敵であり、これを打ち破ることは当然の宗教的義務となる。[18]すなわち、先住民を払拭することが、カナンの地におけるイスラエルのシャーロームを保証する条件なのである。彼らはイスラエルを異教に導きかねない有害な存在であり、彼らと契約を結ぶこと（すなわちシャーロームの樹立）は厳しく禁じられる。「見よ、わたしはあなたの前から、アモリ人、カナン人、ヘト人、ペリジ人、ヒビ人、エブス人を追い出す。よく注意して、あなたがこれから入って行く土地の住民と契約を結ばないようにしなさい。それがあなたの間で罠とならないためである」（出三四11―12）。時代的には多少後のものであるが、いわゆる「神聖法典」の末尾の祝福には、イスラエルにとってのシャーロームが他の民族の犠牲の上に立つものとして理解されていたことが鮮やかに明言されている。「わたしはこの地にシャーロームを与え、あなたたちは脅かされることなく安眠することができる。わたしはまた、猛獣をこの地から一掃し、剣がこの地を荒廃させることはない。あなたたちは敵を追撃し、剣にかけて滅ぼす。あなたたちは五人で百人の敵を、百人で一万の敵を追撃し、剣にかけて滅ぼす」（レビ二六6―8）。

このような排他的な民族主義的精神の頂点をなすのが、「聖絶（ヘーレム／動詞でハーラム）」すなわち敵の絶滅の思想である。[19] すなわち、神の敵でもあるイスラエルの敵は徹底的に滅ぼし尽くさねばならないのである。「あなたの神ヤハウェが嗣業として与えられる諸国の民に属する町々で息のある者は、一人も生かしておいてはならない。ヘト人、アモリ人、カナン人、ペリジ人、ヒビ人、エブス人は、あなたの神ヤハウェが命じられたように必ず聖絶（ハーラム）しなければならない」（申二〇16―17）。「イスラエルは、もしこの民をわたしの手に渡してくださるならば、必ず彼らの町を聖絶（ハーラム）します、と誓った。ヤハウェはイスラエルの言葉を聞き入れ、カナン人を渡された。イスラエルは彼らとその町々を聖絶し、そこの名をホルマと呼んだ」（民二一2―3）。「ヨシュアはその日、マケダを占領し、剣をもってその町と王を撃ち、住民を聖絶（ハーラム）して一人も残さなかった」（ヨシュ一〇28）。「行け、アマレクを討ち、アマレクに属するものは一切、聖絶せよ。男も女も、子供も乳飲み子も、牛も羊も、らくだもろばも打ち殺せ。容赦してはならない」（サム上一五3）。

旧約聖書の歴史書には、聖絶への強い関心が貫かれている。ヨシュア記によれば、カナン人のうち生き残ったのはイスラエルの手引きをした遊女ラハブの一族（ヨシュ二8―21、六22―25）と、奸計によりイスラエルと契約を結んだギブオン人（すなわち彼らは自分たちが聖絶の対象となるカナンの地の住民でないと偽って、イスラエルと和〔シャーローム〕を結んだ。ヨシュ九3―15、一一19）だけであった。イスラエルの初代の王サウルは、聖絶の掟を守らず、敵のアマレク人の王と有利な条件で和平協定を結んだために、預言者サムエルによって廃位と没落を宣告される（サム上一五1―23）。後の北イスラエルのアハブ王もまた、アラム王ベン・ハダドの命乞いを受け入れて講和条約を結んだため、匿名の預言者に同じような批判を受けている（王上二〇31―42）。二十世紀にナチス・ドイツのジェノサイド（断種）政策によって民族存亡の危機に立たされたユダヤ人の遠い祖先たちが、まさにホロコースト（絶滅）を神の名において主張していたということは、恐るべき歴史の逆説であると言わねばならないであろう。

もちろん、旧約聖書の歴史書にこのような仕方でしばしば聖戦や聖絶について語られているという事実と、イスラエルの初期の歴史において実際にそのようなことが行われたかどうかということはまったく別の問題である。よく知られているように、ヨシュア記の征服物語を始めとして旧約聖書の歴史書の多くが最終的に今日の形にまとめられたのは王国時代後半から捕囚時代であり、そこでの戦争の描写は極度に図式化されている。また、イスラエルの実際の「土地取得」がヨシュア記に述べられているほど単純でも、少なくとも初期においては圧倒的な成功でもなかったことは前に述べた通りである。

しかし、聖戦や聖絶に関連した伝承がまったく歴史的基盤を持たない後代の歴史物語作家たちの創作であるとはおよそ考え難い。聖絶に関連した習慣はまさにイスラエルと対立していた前九世紀のモアブ王メシャの碑文にも述べられており、[20] 神の民を自覚した初期のイスラエルにおいても、少なくともそのような精神が漲っていたことは想像に難くない。そのような排他的なナショナリズムの精神が、特に国家再生の大規模な運動が巻き起こった前七世紀のヨシヤ王時代や、さらには国家を失い精神的団結によって民族の自己同一性を維持していかなければならなかった捕囚時代の民族主義的思潮の中でますます純化された形態を取ることになったのであろう。二十世紀になって、結果的には多くのアラブ系パレスチナ人を排除してユダヤ人の国を二千年ぶりに建国した現代のイスラエルの友人たちの心の奥の片隅に、たとえ無意識的にであるにせよ、このような「聖絶」の精神の残滓が決して潜んでいないことと信じたい。

他方で注目に値するのは、このような聖戦が文学化される経過の中で、それがイスラエルの現実的な戦闘行動から引き離され、いわばより「宗教化」され、[21] ヤハウェただ一人の業と見なされるようになっていったことである。例えば古い伝承に基盤を持つ士師時代の「デボラの歌」では、もちろんその勝利は最終的にヤハウェによって与えられるものと信じられてはいたが、戦闘そのものは事実上まさにイスラエルの戦いであり、この戦いに参加せず「ヤハウェを助けに来なかった」部族や集団が厳しく叱責されてさえいる（士五15―17、23）。これに対し同じ戦闘を扱った士師記四章の散文の部分やヨシュア記一〇章、サムエル記上七章の戦争物語では、敵に対する決定的な打撃を与えるのはヤハウェ自身であり、イスラエルの兵士たちは単に敗走する敵を追撃するにすぎないかのように描かれている（士四15―16、ヨシュ一〇10―11、サム上七10―12）。士師時代のギデオンの物語で、「イスラエルの心がおごり、自分の手で救いを勝ち取った」と言わないように、ヤハウェが兵員の削減を命じたという物語（士七2―7）にもこれと同じ傾向が認められるであろう。

二次的な改訂を受けて聖戦的な物語に改造されている出エジプト記一四章の「海の奇跡」の物語(22)では、この傾向がさらに一段進んでいる。すなわちヤハウェ自身がその奇跡によってエジプトの戦車隊を壊滅させるのであり、イスラエルはまったく手を出すことなく、それを見ているだけなのである。「ヤハウェがあなたたちのために戦われる。あなたたちは静かにしているがよい」（出一四14）。ここに至って「聖戦」は、もはや語の本来的意味での「戦争」ではなく、神の純粋な救済行為として理解されることになった。この傾向は、後に見るように預言者たちにおいて頂点に達し、事実上の軍事力への信頼の積極的否定にまで進むことになる。

四　王国と平和

パレスチナの土地をめぐるイスラエルと先住民族、周辺民族の戦いが一応の決着を見るのは、イスラエルの第二代の王ダビデの時代であった。そもそもイスラエルが王制国家への道を歩んだのは、何よりもまず、戦いのためであったと言ってよい。すなわち、前述のようにイスラエルは、ヤハウェという神への共通の崇拝によって結び付けられた部族連合として誕生したが、諸部族が対等の立場で緩やかに結び合う部族連合では、先住民族や周辺民族との戦いを有効に進めるうえで限界があった。なぜなら部族連合としてのイスラエルは、戦闘のための特別の訓練を受けた職業軍人階級も、機動力を持った常備軍も持たず、その戦いは、その都度自発的に馳せ参じる民兵によって担われていたからである。しかし、そのような兵力では、職業軍人の強力な戦車部隊を持つカナン人都市国家（士一19、四3を参照）や、特にイスラエルの登場に若干遅れて海岸平野に上陸し、内陸部に進出を開始したペリシテ人の強大な組織的常備軍に対抗することは容易でなかった（サム上四章を参照）。このような強敵と互角の戦いを進めるためには、イスラエル自体もまた職業軍人による常備軍を持たねばならなかった。そしてそのためには、イスラエルが部族間の平等主義的な結合に基づく部族連合から、強力な政治的権力者を頂点とする階級的社会へと、すなわち封建的な王制国家へと変身しなければならなかったのである（サム上八10―17）。こうしてイスラエルの人々は、「他の（王制の）すべての国民と同じようになり、王が統治し、王が陣頭に立って進み、我々の戦いをたたかう」ことを要求する（サム上八19―20[23]）。

このようにして選ばれた初代の王サウルは、わずかな治世の後にペリシテ人との戦いで戦死したが（サム上三一章参照）、その後王権を掌握したダビデは、その天才的な軍事的手腕と政治力によって、存亡の危機に立たされていたイスラエルを統合し、宿敵ペリシテ人を打ち破ってパレスチナに覇権を確立しただけでなく（サム下五17―25参照）、北のアラム人の一部、東のモアブ人、アンモン人、南のエドム人をも征服して（サム下八、一〇章参照）、イスラエルの王国（より適切には異民族をも支配する「帝国」）を確立した。こうしてイスラエルは、サウルからダビデに至るわずか数十年の間に、壊滅の危機に瀕した部族連合から民族の軍事的団結に基づく民族国家へ、さらにはカナン全土を支配する領土国家へ、そしてついには異民族を支配する「帝国」へと、著しい政治的、社会的変貌を体験したのである。

ダビデが政治的・軍事的問題のほとんどを解決してしまったので、ダビデを継いだソロモンの時代にイスラエルは、――不満分子の反乱や被支配民族の独立運動等による若干の騒乱はなくもなかったが（王上一一14―40）――外見上は一応の平和を享受することができた。「ソロモンはティフサからガザに至るユーフラテス西方の王侯をすべて支配下に置き、国境はどこを見回しても平和（シャーローム）であった」（王上五4）。しかしこのような「平和」が、実は強大な軍事力（王上五6を参照）と政治的権力を基盤とした内外の多くの人々への圧政の上に立つ「力の平和」、「強者の平和」であり、力と自由を奪われた人々の屈伏の上に築かれた表面上の平和であって、抑圧や恐怖と表裏一体をなすものであったことは言うまでもない。この点で「ソロモンの平和」は、規模こそ比較にならないとはいえ、後のローマ時代の「パックス・ロマーナ」――あるいはさらに第二次世界大戦における「大東亜共栄圏」や現代の「パックス・アメリカーナ」（？）――と本質的に異なるものではなかった。

「平和」（シャーローム）の観念に関連してこの時代に注目に値することは、それがそれまでの民族中心のものを超えて、より包括的、世界的な広がりを見せるものとなったことである。しかしこれが、今述べたような意味での「力の平和」の意味であることは言うまでもない。ダビデ時代以降の異民族支配の体験を通じて、イスラエルは、初めて「世界」というものへの目を開かれたと言ってよい。もちろんそれは、世界地理的視点から見れば、パレスチナを中心としたオリエント世界の辺境に位置する「小世界」にすぎなかった。しかし、イスラエル人にとっては、それがまぎれもなく「世界」そのものだったのである。そのようなイスラエルによる「世界」支配の現実を基盤として、王国時代初期にヤハウェによる世界支配の思想が生まれたものと思われる。そしてそれは、逆にイスラエルによる「世界」支配を神学的に意味づけ、正当化する機能を持ったにちがいない。「諸国の民よ、こぞってヤハウェに帰せよ、栄光と力をヤハウェに帰せよ。……国々にふれて言え、ヤハウェこそ王と。世界は固く据えられ、決して揺らぐことがない。かれは諸国の民を公平に裁かれる」(詩九六7、10)。「ヤハウェはいと高き神、畏るべき方、全地に君臨される偉大な王。諸国の民を我らに従わせると宣言し、国々を我らの足もとに置かれた」(詩四七3―4)。「ヤハウェは裁きのために御座を固く据え、とこしえに御座に着いておられる。御自ら世界を正しく治め、国々の民を公平に裁かれる。……異邦の民は自ら掘った穴に落ち、隠して張った網に足をとられる。……神に逆らう者、神を忘れる者、異邦の民はことごとく、陰府に退く」(詩九8―9、16、18)。こうして、かつての「戦う神」ヤハウェは、「世界を支配する神」となった。これがダビデ時代以前と以後のイスラエルを取り巻く政治的状況の変化と、それに伴うイスラエル自身の立場の変化に対応するものであることは言うまでもない(24)。

神の世界支配は、現実的なイスラエルの支配と対応して、当然ながら神の座としての神殿のあるエルサレム、すなわち「シオン」を中心としたものとみなされた(詩九8―13、四六5―6、四八3―4、七六3―4、八七1―6、一一〇2等を参照)。オディール・ハンネス・シュテックは、初期王国時代に、エルサレムを中心とした神の世界支配の観念のもとに、さまざまな観念の組み合わせからなる表象複合体が成立したことを指摘し、その総体を「古代エルサレムの平和表象群

（Friedenvorstellungen）」と名付けている。[25] 王国時代に成立した数々の詩編の中にさまざまな形で現れているこの表象群によれば、世界を支配する神ヤハウェは、この世界秩序（すなわち「シャーローム」）を乱そうとする敵対的な諸力を打ち破る。そのような「敵」は、神話的・詩的には創造以前の混沌の力を体現する蛇や竜のような怪獣であるが（詩七四13―14、八九10―11等を参照）、歴史的・現実的にはエルサレムを攻撃しようとする異民族である。いわゆる「シオンの詩編」は、神がその超自然的な介入によってそのような敵を壊滅させ、シオン・エルサレムを守ることを繰り返し歌っている。「大河とその流れは、神の都に喜びを与える、いと高き神のいます聖所に。神はその中にいまし、都は揺らぐことがない。夜明けとともに、神は助けをお与えになる。すべての民（すなわち異民族）は騒ぎ、国々は揺らぐ。神が御声を出されると、地は溶け去る。……ヤハウェの成し遂げられることを仰ぎ見よう。かれはこの地を圧倒される。かれは地の果てまで、戦いを断ち、弓を砕き槍を折り、盾を焼き払われる」（詩四六5―7、9―10）。「神の幕屋はサレムにあり、神の宮はシオンにある。そこにおいて、神は弓と火の矢を砕き、盾と剣を、そして戦いを砕かれる。あなたが、餌食《えじき》の山々から、光を放って力強く立たれるとき、（敵の）勇敢な者は狂気のうちに眠り、戦士も手の力を振るいえなくなる」（詩七六3―6）。

　ここではこのようなエルサレムの「平和表象群」の政治神学的意味、ないしその機能について考えてみよう。直前に引用した二つの詩編では、いずれも神の力による武器の破壊と戦争の停止が語られているが（傍点部）、それがあくまで神の（したがってイスラエルの）敵の武器の破壊であり、エルサレムに向けられた戦いの抑止であることは注意を要する。それはまだ、あくまでイスラエルの「世界」支配という民族主義的な枠組みの中でのイメージであり、むしろそれをますます強めようとするものなのである。ここでは、皮肉なことに、戦争の欠如（すなわち狭い意味での「平和」）というイメージが、まさにイスラエルによる異民族支配の構造を正当化するために用いられているのである。

ヤハウェの世界支配を目に見える形で実現するのが、言うまでもなく、イスラエルの王（ダビデ王朝）の現実的支配である。エルサレムで発展した王権神学によれば、ダビデ王朝の王は神の養子としての身分を認知され、その代理統治者として地上に神の支配を実現させる。したがって、イスラエルの王の敵は自動的にヤハウェの敵とみなされる。ここには、イスラエルの敵はヤハウェの敵という、聖戦理念における図式がそのまま保持されていることが示されている。ただ、聖戦における聖絶の観念が、服従と絶対的支配の観念に変わっているのである。

「なにゆえ（異民族の）国々は騒ぎ立ち、人々はむなしく声をあげるのか。なにゆえ、地上の王たちは構え、支配者たちは結束してヤハウェに逆らい、かれの油注がれた者（メシア――すなわちイスラエルの王）に逆らうのか。（イスラエルの支配を拒否して）『我らは、枷をはずし、縄を切って投げ捨てよう』と。……ヤハウェの定められたところに従ってわたし（イスラエルの王）は述べよう。かれはわたしに告げられた。『お前はわたしの子、今日、わたしはお前を生んだ。求めよ。わたしは国々をお前の嗣業とし、地の果てまで、お前の領土とする。お前は鉄の杖で彼らを打ち、陶工が器を砕くように砕く』」（詩二1―3、7―9）。「わたし（神）は一人の勇士に助けを約束する。わたしは彼を民の中から選んで高く上げた。わたしはわたしの僕ダビデを見出し、彼に聖なる油を注いだ。わたしの手は彼を固く支え、わたしの腕は彼に勇気を与えるであろう。敵は彼を欺きえず、不正な者が彼を低くすることはない。わたしは彼の前で彼を苦しめる者を滅ぼし、彼を憎む者を倒す。……彼はわたしに呼びかけるであろう、あなたはわたしの父、わたしの神、救いの岩、と。わたしは彼を長子とし、地の諸王の中でも最も高い位に就ける。とこしえの慈しみを彼に約束し、わたしの契約を彼に対して確かに守る。わたしは彼の子孫（ダビデ王朝）を永遠に支え、彼の王座を天の続く限り支える」（詩八九20―24、27―30、なおサム下七13―15をも参照）。「ヤハウェはあなたの力ある杖をシオンから伸ばされる。敵のただ中で支配せよ。……ヤハウェはあなたの右に立ち、怒りの日に（異民族の）諸王を撃たれる。ヤハウェは諸国を裁き、頭となる者たちを撃ち、広大な地をしかばねで覆われる」（詩一一〇2、5―6）。

王のための神への祈りである詩編七二編は、正しい王のもとで「山々が民に平和（シャーローム）をもたらす」こと、王が「生涯、神に従う者として栄え、月の失われるときまでも豊かな平和に恵まれる」ように願うが（3、7節）、それに続く祈りは、そのような「平和」がいかなる基盤の上に立つものであるかを疑問の余地なく明らかにする。「王が海から海まで、大河から地の果てまで、支配しますように。砂漠に住む者が彼の前に身を屈め、敵が塵をなめますように。タルシシュや島々の王が献げ物を、シェバやセバの王が貢ぎ物を納めますように。すべての（異民族の）王が彼の前にひれ伏し、すべての国が彼に仕えますように」（8―11節）。

要するに、王国時代初期に確立したエルサレムの「平和表象群」（シュテック）は、部族連合時代の排他的・民族主義的平和理念の帝国主義的拡大であった。そこでは王権という世俗的政治権力の絶対化・正当化のために宗教が利用されたのである。ここには、政治と宗教の関係という、歴史を通じてどこでも常に存在した——近代の日本といえども決してその例外ではない——問題がきわめて示唆的な形で現れている。真の意味での普遍的な平和（シャーローム）の理念は、宗教がそのような政治のはしためであることから解放されたとき、初めて成立し得る。古代イスラエルにおいて、そのような道を切り拓いたのは、とりわけ預言者たちであった。

五　苦難の歴史と神の裁き

イスラエル統一王国の栄光の時代はダビデ、ソロモンのわずか二代、約八〇年で終わり、前九二六年頃、イスラエルは部族間の対立等から北のイスラエル王国と南のユダ王国に分裂した（王上一二章参照）。今や単なる二つの弱小国家となった両王国は、その後アラム人、アッシリア人、バビロニア人といった強国の侵略に苦しめられることになる。

イスラエルの分裂王国時代は、同時に預言者たちの時代でもあった（ここでいう「預言者」とは、いわゆる記述預言者、すなわちその言葉が旧約聖書中に預言書として残されている人々を指す）。前八世紀以降、北王国でも南王国でも、神に召された者としての強烈な自覚を持った預言者たちが相次いで登場した（前八世紀の北王国ではアモス、ホセア、南王国ではイザヤ、ミカ、前七世紀から六世紀にかけての南王国ではゼファニヤ、エレミヤ、ハバクク。なお北王国はすでに前七二二年にアッシリアによって滅ぼされた）。彼らは、このような戦禍と混乱に満ちた同時代の歴史の中に、神ヤハウェの裁きの意志を見て取った。すなわち、イスラエルは、それまでの救いの歴史に示された神のさまざまな恩恵にもかかわらず、宗教的にも道徳的にも数多くの罪を犯し続けた。それゆえ今やヤハウェは、歴史のただなかで、イスラエルへの裁きを実施しようとしているのである。「サマリアの山に集まり、そこに起こっている狂乱と圧政を見よ。彼らは正しくふるまうことを知らないと、ヤハウェは言われる。彼らは暴虐と破壊を城郭に積み重ねている。それゆえ、主なるヤハウェはこう言われる。敵がこの地を囲み、お前の砦を倒し、城郭を略奪する」（アモ三9―11）。「この国には、誠実さも慈しみも、神を知ることもないからだ。呪い、欺き、人殺し、盗み、姦淫がはびこり、流血に流血が続いている。それゆえ、この地は渇き、そこに住むものは皆、衰え果て、野の獣も空の鳥も海の魚までも一掃される」（ホセ四1―3）。

預言者の批判は、とりわけ、社会的弱者を抑圧し、彼らから搾取して自分の富を肥やしている権力者、有力者たちに向けられる。「災いだ、偽りの判決を下す者、労苦を負わせる宣告文を記す者は。彼らは弱い者の訴えを退け、わたしの民の貧しい者から権利を奪い、やもめを餌食とし、みなしごを略奪する。刑罰の日に向かって、襲ってくる嵐に対して、お前たちはどうするつもりか。どこにお前たちは栄光を託そうとするのか。捕らわれ人としてかがみ、殺された者となって倒れるだけではないか。しかしなお、ヤハウェの怒りはやまず、御手は伸ばされたままだ」（イザ一〇1―4）。本来民を正しく指導すべき宗教的指導者たちさえ、堕落の限りを尽くしている。「わが民を迷わす預言者たちに対して、ヤハウェはこう言われる。彼らは歯で何かをかんでいる間は（すなわち報酬を与えてくれる者に対しては）平和（シャーローム）を告げるが、その口に何も与えない人には、戦争を宣言する。それゆえ、お前たちには夜が臨んでも、幻はなく、暗闇が臨んでも、託宣は与えられない」（ミカ三5―6）。「身分の低い者から高い者に至るまで、皆、利をむさぼり、預言者から祭司に至るまで皆、欺く。彼らは、わが民の破滅を手軽に治療して、平和（シャーローム）がないのに『平和、平和』と言う。彼らは忌むべきことをして恥をさらした。しかも、恥ずかしいとは思わず、嘲られていることに気づかない。それゆえ、人々が倒れるとき、彼らも倒れ、わたしが彼らを罰するとき、彼らはつまずく、こうヤハウェは言われる」（エレ六13―15）。

最後に挙げた二つの言葉は、記述預言者が同時代のいわゆる「救済預言者」を批判したものである。彼らはあるいは職業上の打算から、あるいは「選民意識」に裏打ちされた熱狂的な民族主義から、安易に「平和」を宣言し、人々に根拠のない安心感を植えつけようとしている。それは彼らが、イスラエルを襲おうとしている災いが神の懲罰であるという事態をまったく理解していないことによる。記述預言者たちによれば、イスラエルからの平和の剝奪（すなわち戦乱）は、実は彼ら自身が平和（シャーローム）を蹂躙したことに対する神からの報いなのである。ここには、記述預言者たちといわゆる「救済預言者」や一般民衆との間に、「シャーローム」なるものが何であるかについて、根本的な理解の相違があったことが示されている。

この問題は、われわれの主題と関連させたとき、特に注目に値する。多少横道に逸れるが、現代の平和研究においては「平和」の観念の定義の再検討が真剣に問題にされている。本研究冒頭でも述べたように、現代の平和研究は差し当たっては、二度にわたる世界大戦への反省と核兵器の開発による全人類的な危機意識を踏まえて始まったものであり、初期においては当然ながら主として東西問題を対象としていた。しかし一九七〇年代からは、戦争がない状態だけで平和と言えるのかという問題が真剣に検討され始め、たとえ具体的な戦争行為がなくとも、公正、自由、平等等が世界的に実現していなければ真の平和とは言えないのではないか、という議論が提出され、そのような意味での平和に対立するものとして「構造的暴力（structural violence）」という概念が提起された。これとともに、平和研究の対象は次第に東西問題から南北問題へと移されつつある。[26]

東ヨーロッパおよびソ連における社会主義政権の崩壊と冷戦構造の解体を受けて、今後はますますそのような傾向が強まっていくものと思われる。本研究の冒頭で、人間社会の包括的な意味での理想的状態を意味するヘブライ語の「シャーローム」の意味は、戦争の不在としての「平和」の観念よりも広いと論じたが、現在の平和研究における「平和」の観念は、むしろヘブライ語の「シャーローム」に近づきつつあるとは言えないであろうか。預言者たちがイスラエルの罪として告発したのは、何よりもまず、まさにそのような意味での「構造的暴力」そのものであった。「彼らが正しい者を金で、貧しい者を靴一足の値で売ったからだ。彼らは弱い者の頭を地の塵に踏みつけ、悩む者の道を曲げている」（アモ二6―7）。「お前たちは正しい者に敵対し、賄賂を取り、町の門（裁判）で貧しい者の訴えを退けている」（同五12）。「支配者らは無慈悲で、盗人の仲間となり、皆、賄賂を喜び、贈り物を強要する。孤児の権利は守られず、やもめの訴えは取り上げられない」（イザ一23。みなしごとやもめは社会的弱者の象徴である）。「お前たちはわたしのぶどう畑を食い尽くし、貧しい者から奪って家を満たした。何故、お前たちはわたしの民を打ち砕き、貧しい者の顔を臼でひきつぶしたのか」（同三14―15）。「災いだ、寝床の上で悪をたくらみ、悪事を謀る者は。夜明けとともに、彼らはそれを行う。力をその手に持っているからだ。彼らは貪欲に畑を奪い、家々を取り上げる」（ミカ二1―2）。「わが民の中には逆らう者がいる。網を張り、鳥を捕る者のように、潜んでうかがい、罠を仕掛け、人を捕らえる。籠を鳥で満たすように、彼らは欺き取った物で家を満たす。こうして、彼らは強大になり富を蓄える。彼らは太って、色つやもよく、その悪事には限りがない。みなしごの訴えを取り上げず、助けもせず、貧しい者を正しく裁くこともしない」（エレ五26―28）。

「平和がないのに、『平和、平和』と言う」人々の偽善を告発した預言者の言葉（エレ六14、八11、エゼ一三10、16）は、二六〇〇年以上も後にようやく平和研究者たちが気づくことになる事態を遥かに先取りしていたと言っても過言ではないであろう。

イスラエルの預言者たちの思想の大きな特徴の一つは、彼らが民の罪に対する神の裁きを、超自然的な神話的・黙示的出来事としてでなく、イスラエルの民族が経験しつつある極めて現実的、具体的な歴史の運行の中に見出したことである。すなわち、前八世紀にアッシリアという超大国が南北両王国を脅かしつつあるという事実、もしくは前六世紀にネブカドネツァル王の率いるバビロニアが生き残っていた南王国を攻撃するという事実そのものが、そのまま神の裁きなのである。この意味で、イスラエルの預言者たちは歴史の意味の告知者、歴史神学者であったと言ってよい。

もちろん、歴史を通じて神の行動と意志を理解することは、単に預言者たちに止まらず、旧約聖書全体を貫く最大の思想的特徴の一つであると言える。歴史こそは、イスラエルの神理解、自己理解を根本的に規定するものであった。例えばモーセ五書は、イスラエルに対するヤハウェの救済史を描き出す。イスラエルはヤハウェを、歴史を通じて自分たちを救った神として理解し（出二〇2、王下一七7等を参照）、また、歴史を通じてヤハウェに救われた民として自己を理解した（申二六5―9、詩一三六10―22等を参照）。そしてダビデのもとでのイスラエルの黄金時代を体験した人々は、その歴史的現実を救済史の目標として意味づけたのである（サム下七6―16、詩七八編等を参照）。

ただし、五書伝承やダビデ王朝の王権神学の担い手たちが民族主義的な精神から、それぞれ救済史を用いて選ばれた神の民としてのイスラエルの立場やイスラエル王国の「世界」支配を正当化しようとしたのに対し、預言者たちの歴史観の決定的な相違は、そのような民族的な枠組みを突破した普遍的な神の世界支配という視点から、イスラエルの存在そのものをも相対化することができた点にある。「地上の全部族の中からわたし（ヤハウェ）が知ったのは、お前たちだけだ。それゆえ、わたしはお前たちをすべての罪のゆえに罰する」（アモ三2、これはイスラエルの選びの信仰に対する痛烈な逆説である）。「わたしにとってお前たちは、クシュの人々と変わりがないではないか、とヤハウェは言われる。わたしはイスラエルをエジプトの地から、ペリシテ人をカフトルから、アラム人をキルから、導き上ったではないか」（同九7―8）。「彼らはヤハウェを頼りにして言う。『ヤハウェが我らの中におられるではないか、だから災いが我々に及ぶことはない』と。それゆえ、お前たちのゆえに、シオンは耕されて畑となり、エルサレムは石塚に変わり、神殿の山は木の生い茂る高台となる」（ミカ三11―12）。

もちろん、すでに述べたように、神による世界支配の思想そのものは、王国時代初頭にイスラエルの異民族支配を背景として生まれたものである。それによってイスラエルの視野は自民族を超えた「世界」へと広がった。しかしそれが、イスラエルの異民族支配を反映し、政治によって規定されたものであった限りにおいて、それは排他的な「イスラエル中心主義」の表現にすぎず、いわばその帝国主義的拡大に他ならなかった。これに対し預言者たちは、それを「神中心主義」に移すことによって、真の意味での神の世界支配の思想と、普遍的な神観を提示し得たのである。[27]

このような預言者たちの視点から見た場合、当然ながら戦争と平和の問題にもまったく異なる意味づけが与えられる。もし、神が世界を支配し、歴史の運行を統御しているのであり、アッシリアやバビロニアの攻撃が神の怒りと裁きの意志を表現するものであったとすれば、アッシリアやバビロニアは神の処罰の道具であるにすぎない。「その日には、わたしの主は、大河のかなたでかみそりを雇われる。アッシリアの王がそれだ。頭髪も足の毛もひげもそり落とされる」(イザ七20。同五26―30をも参照)。「ああ、アッシリアはわたしの怒りの鞭、わたしの手にある憤りの杖。神を無視する国(すなわちイスラエル!)に向かって、わたしはそれを遣わし、わたしの激怒をかった民(イスラエル!)に対して、それに命じる。『戦利品を取り、略奪品を取れ、野の土のように彼を踏みにじれ』と」(イザ一〇5―6)。「彼らはエジプトの地に帰ることもできず、アッシリアが彼らの王となる。彼らが立ち帰ることを拒んだからだ。剣は町々で荒れ狂い、たわ言を言う者を断ち、たくらみのゆえに滅ぼす」(ホセ一一5―6)。「見よ、わたしは遠くから一つの国を、お前たちの上に襲いかからせる。イスラエルの家よ、とヤハウェは言われる。それは絶えることのない国、古くからの国（すなわちバビロン）。その言葉は理解し難く、その言うことは聞き取れない。……彼らは、お前が頼みとする砦の町々を、剣を振るって破壊する」（エレ五15、17）。

かつてヤハウェは、「イスラエルの神」として異民族に対して聖戦を行い、彼らを打ち破ってイスラエルに「乳と蜜の流れる地」を与えた。しかし今は、同じヤハウェが「世界の神」として異民族を用いてイスラエルを攻撃している。それは、まさにイスラエルに向けられた聖戦なのである。ここでは、民族主義と選民意識に裏打ちされた聖戦の観念が、見事に逆転されている。「そのとき、わたし（ヤハウェ！）はアリエル（エルサレム！）を苦しめる。アリエルには嘆きとため息が臨み、祭壇の炉のようになる。わたし（ヤハウェ！）はお前を囲んで陣を張り、砦を築き、城壁を建てる。お前は倒されて地の下から語り、お前の言葉は塵の下から鈍く響く」（イザ二九2―4）。「まことに、万軍のヤハウェはこう言われる。木を切り、土を盛り、エルサレムに対して攻城の土塁を築け。彼女は罰せられるべき都。その中には抑圧あるのみ」（エレ六6）。「その日が来れば、とヤハウェは言われる。わたしはお前（イスラエル！）の中から軍馬を絶ち、戦車を滅ぼす。わたしはお前の国の町々を絶ち、砦をことごとく撃ち壊す」（ミカ五9―10）。

最後に引いた言葉では、ヤハウェによるイスラエルの武装解除が語られていることが注意を引く。先に見たように、「エルサレムの平和表象群」を反映する詩編においては、イスラエルの神の世界支配という思想のもとに、イスラエルに敵対する諸民族の武器の破壊が語られていた（詩四六9―10、七六4）。ここにもまた、預言者の神中心的な視点のもとで、従来の表象と価値観が一八〇度逆転されたことが示されている。すなわち、神はかつて諸国民を戦闘不能に陥らせることによって、イスラエルの世界支配を維持すると信じられた。しかし預言者たちによれば、その同じヤハウェが今や、逆にイスラエルからあらゆる防衛の手段を奪い去ることによって、自分の民を好戦的な異民族の手にゆだね、彼らのなすがままにさせるのである。

このような戦争と平和についての預言者の理解から、イスラエルが戦争に対して取るべき態度について非常に特徴的な思想が生まれたことを付記しておきたい。今日においてもそうであるように、古代オリエント世界においても戦争と平和は、国家間の軍事同盟の力学によって支配されていた。弱小国家は、超大国の軍事力の傘の下に入ることによってみずからの存在を保とうとした。このことは、現在まで残された無数の条約碑文の存在に示されている。前八世紀にアッシリアの脅威に直面したイスラエル南北両王国の王たちは、あるいは自ら進んで屈伏し、アッシリアの属国に成り下がることで国家の存続を確保しようとし（王下一五19、一六7―9）、あるいはもう一つの超大国エジプトの支援によってアッシリアに対抗しようとした（王下一七4、一八21）。しかし、預言者たちの目から見れば、そのような大国の武力・軍事力に頼る政策は、神への反逆をさらに重ねる悪あがきにすぎなかった。もし異民族の来襲という災いが、ヤハウェの下したイスラエルへの裁きに他ならず、敵がヤハウェの審判の道具にすぎないならば、これに対するいかなる抵抗、防衛も無駄である。人は神と戦うことができないからである。

前八世紀の預言者たちは、このような軍事同盟政策を正面から批判した。「エフライムは鳩のようだ。愚かで、悟りがない。エジプトに助けを求め、あるいは、アッシリアに頼って行く。彼らが出て行こうとするとき、わたしはその上に網を張り、網にかかった音を聞くと、空の鳥のように、引き落として捕らえる」（ホセ七11―12、なお八9―10、一二2をも参照）。「災いだ、助けを求めてエジプトに下り、馬を支えとする者は。彼らは戦車の数が多く、騎兵の数がおびただしいことを頼りとし、イスラエルの聖なる方を仰がず、ヤハウェを尋ね求めようとはしない。……エジプト人は人であって、神ではない。その馬は肉なるものにすぎず、霊ではない。ヤハウェが御手を伸ばされると、助けを与える者はつまずき、助けを受けている者は倒れ、皆共に滅びる」（イザ三一1―3、なお八12―13、三〇1―5をも参照）。

預言者たちにとって、イスラエルの未来は、自らの罪を真摯に認めて神の裁きを甘んじて受け、その審判の彼方にある神の赦しと恵みを信じ、それに身を委ねること以外になかったのである。それゆえ預言者たちは、武力・軍事力に頼って自己の存在を確保しようとするあらゆる企てを戒める。このような預言者たちの立場は、いわゆるシリア・エフライム戦争（前七三三年）の際に預言者イザヤが語った有名な「アーメン」の語呂合わせの言葉に典型的な形で示されている。すなわち、ダマスコのアラム王国（シリア）とイスラエル北王国（エフライム）が反アッシリア同盟を結成し、南王国ユダに対しても軍事的圧力によって同盟加入を迫ったとき、イザヤはアハズ王に軽挙妄動を戒め、次のように警告したのである。「信じなければ（アーメンしなければ）、あなたがたは確かにされない（アーメンされない）」（イザ七9）。

前六世紀に新バビロニア（カルデア）のネブカドネツァルがユダ王国を支配した時代にも、同じようなことが繰り返された。預言者エレミヤ(28)は、ネブカドネツァルのうちにヤハウェの審判を執行する「神の僕」を見出し、その背後にあるヤハウェの審判の意志に服従し、無謀な抵抗を断念して降伏するように人々に呼びかけた。「バビロンの王ネブカドネツァルに仕えず、バビロンの王の軛《くびき》を首に負おうとしない国や王国があれば、わたし（ヤハウェ）は剣、飢饉、疫病をもってその国を罰する、とヤハウェは言われる。……しかし、首を差し出してバビロンの王の軛を負い、彼に仕えるならば、わたしはその国民を国土に残す、とヤハウェは言われる」（エレ二七8—11、なお二一3—10、二五8—14等をも参照）。

しかし、当時のユダ国内では、エジプトの支援とヤハウェの無条件的な加護を当てにしてバビロンに反逆しようとする、好戦派、主戦論が支配的であった。前述の口先だけで「平和」を説く「救済預言者」たちが活躍したのも、まさにこの時期である（エレ二八1—10等を参照）。当時の人々にとってエレミヤの態度は、敗北主義、利敵行為に他ならず、まったく理解不可能なものであった。「どうか、この男を死刑にしてください。あのようなことを言いふらして、この都に残った兵士と民衆の士気を挫いています。彼はこの民のために平和（シャーローム）を願わず、むしろ災いを望んでいるのです」（エレ三八4）。このためエレミヤは売国奴の烙印を押され、数々の迫害を受けねばならなかったのである（エレ二六7—11、三八6—7等を参照）。

以上のようにイスラエルの預言者たちは、神中心的な視点から世界史を捉えることによって、事実上、宗教的な信念に基盤を置く武装放棄の観念、すなわち、——自衛的なものを含めた——戦争否定の思想に到達したのである。これが、先に取り上げた聖戦伝承の発展の中にも見られた、戦いを神のみの事柄とする傾向と並行するものであり、むしろそれを極限まで推し進めたものであることは言うまでもない。預言者たちのこのような思想が、実際の政治施策としても賢明で有効であったかどうかについては、ここでは問わないでおくことにしよう。

六　終末論的救済としての恒久的・普遍的平和

これまで見てきたように、預言者たちはイスラエルの民に過酷な神の裁きを告知し、イスラエルからの平和（シャーローム）の剝奪と異民族の攻撃のうちにその裁きの実現を見出したのであるが、彼らは決してもっぱら災いだけを預言したのではない。彼らは同時に、そのような災いと裁きを越えた救済と、損なわれた神関係の回復を預言することによって、人々に希望と新たな信仰を与えようとしたのである。(29) 思想史的な意義と影響を考えるとき、預言者たちの使信の最も重要な点は、まさにこれらの救済預言にあったと言ってよい。彼らの審判預言がそれぞれの時代の歴史的現実に制約されたものであったのに対し、彼らの救済預言は、その歴史的現実を超えて未来を指し示し、究極的で最終的な状態を表現したという点でまさに「終末論」的なものであったからである。

イスラエルからの平和の剝奪のうちに神の裁きを見て取った預言者たちの救済預言において、（実際に「シャーローム」の語が用いられていようといまいと）普遍的・恒久的な平和の再確立のモチーフないしイメージが重要な役割を演じていることは決して偶然ではあるまい。旧約聖書の記述預言者たちの救済預言や平和の使信が、彼らの同時代人でありしばしば論敵でもあった前述の救済預言者たちのそれ（ミカ三5、エレ六14、八11、一四13、二八9、エゼ一三10、13）と根本的に相違した点は、それが徹底的な裁きを経た後の遥かな未来において初めて与えられるものと考えられた点、そして救済預言者たちの救済観・平和観が濃厚な民族主義的色彩に彩られていたのに対し（それは結局はヤハウェによる敵からの防衛と敵の撃破ということに尽きるものであった）、程度の差はあるにせよ、そのような民族的排他主義を超えた普遍的性格を帯びていた点にあるといえよう。

個々の救済預言の内容、すなわちそれぞれの預言者たちが描いた救済像は決して一様ではない。むしろ、それぞれの預言者たちの個性と特色が最も顕著に発揮されるのが救済預言であったと言ってよい[30]。

ダビデ王朝に対する神の選びと加護を中心とする「エルサレム神学」が発展した南王国の預言者であったイザヤとミカの場合、それはダビデの家系から出る理想的統治者のイメージに結びついた、いわゆる「メシア預言」という形態を取ることになる。これは、彼らが、預言者であるとともに南王国の国民として、ダビデ王家の王という存在を抜きにしては救済や平和というものを考えられなかったことを示している。しかしながら、彼らはエルサレム神学の諸要素を受け継ぎながらも、それをまったく質的に異なる救済信仰に転換させた。それはもはや、エルサレムの宮殿の王座に座る政治的支配者としての現実の王の権力を絶対化するものでなく、未来における神の救いを表現するものに変えられたのである。

彼らによれば、神の救いはダビデの子孫からの一人の理想的な支配者の誕生（すなわち神の息子としての認知を意味するその即位。詩二7、八九27—28を参照）、すなわち「第二のダビデ」の登場によって始まる。「ひとりのみどりごがわたしたちのために生まれた。ひとりの男の子がわたしたちに与えられた」（イザ九5。いわゆる「預言者的完了形」）。「エッサイ（ダビデの父！）の株からひとつの芽が萌えいで、その根からひとつの若枝が育つ」（イザ一一1）。「エフラタのベツレヘム（ダビデの故郷！）よ……お前の中から、わたしのために、イスラエルを治める者が出る」（ミカ五1）。

この統治者（すなわちメシア）は「構造的暴力」を一掃して「正義」を樹立する。「王国は正義と恵みの業によって、今もそしてとこしえに、立てられ支えられる」（イザ九6b）。「彼は弱い者のために正当な裁きを行い、この地の貧しい人を公平に弁護する。……彼は正義をその腰の帯とし、真実をその身に帯びる」（イザ一一4—5）。「彼は立って、群れを養う。ヤハウェの力、神であるヤハウェの御名の威厳をもって。彼らは安らかに住まう」（ミカ五3）。それゆえ彼は、「平和の君（サル・シャーローム）」の称号で呼ばれる（イザ九5）。「ダビデの王座とその王国に権威は増し、平和は絶えることがない」（同6節）。「彼こそ（ないし「これ——すなわちメシアが成し遂げる業——こそ」）、まさしく平和（シャーローム）である」（ミカ五4）。この「平和の君」の統治のもとでは、動物界にさえ普遍的な平和が訪れる。「狼は小羊と共に宿り、豹は子山羊と共に伏す。……乳飲み子は毒蛇の穴に戯れ、幼子は蝮《まむし》の巣に手を入れる。しかしわたしの聖なる山においては、何ものも害を加えず、滅ぼすこともない。水が海を覆っているように、大地はヤハウェを知る知識で満たされる」（イザ一一6—9）。

もちろんこれらの初期のメシア預言は、アッシリアの脅威のただなかで語られたものであり、そこではヤハウェの力による敵からの救い、敵の撃滅という民族主義的要素がなお残されている（イザ九3—4、ミカ五4b—5）。また、その個々の要素には詩編等に見られる「エルサレムの平和表象群」から受け継がれたものが少なくない。それにもかかわらず、それらがもはや、（イスラエルの「世界支配」という）現実の状態（status quo）を正当化する機能を果たすのではなく、むしろ現実に反した状態を未来の救済として描いていることは注目に値する。

メシア預言に表現された救済像、平和観は、それがまさに圧倒的な量の審判預言・災いの預言の狭間に置かれているというその事実によって、救済預言者たちの無条件的な民族主義的救済像、平和観のオプティミズムとは似て非なるものなのである。そこでは、メシアの統治する救済の時代が、徹底的な審判を経た後に初めて開始されるものであることがはっきりと前提にされている。（「彼らの負う軛、肩を打つ杖、虐げる者の鞭……地を踏み鳴らした兵士の靴、血にまみれた軍服……」イザ九3―4、「エッサイの株」――すなわちダビデ王家は一度切り倒される！――イザ一一1、「まことに、ヤハウェは彼らを捨ておかれる、産婦が子を産むときまで」ミカ五2）。しかも、これらのメシアは、――非常に意味の不明確なミカ書五章4b―5節を例外として――決して軍事的な意味での勝利者、征服者とは描かれていない。イザヤ書九章では、メシアの登場に先立って、神自身が敵を撃ち、戦いを払拭するのである（3―4節）。さらに、イザヤ書一一章に示されたような自然界を支配する普遍的な平和のイメージは、政治的含蓄を持った「エルサレムの平和表象群」の水準をすでに遥かに越えている。その最後の部分では、もはや権力に基づくイスラエルの異民族支配ではなく、諸国民の自発的な意志によるメシアへの恭順が語られている。「その日が来れば、エッサイの根はすべての民の旗印として立てられ、国々はそれを求めて集う」（イザ一一10）。

ダビデ王家の支配から離脱した北王国で活動した預言者ホセアにとっては、イザヤとミカとは異なり、メシア預言という発想を受け入れる余地はない。ホセアはむしろ、王制そのものを神の意志に反するものとして批判した反王権論者であった（ホセ八4、一三10―11を参照）。ホセアの救済像は、イスラエルにおける王制樹立よりも遥か以前に遡り、ヤハウェとイスラエルの関係の原点である救済史、すなわち出エジプトそのものへと向かう。「第二のダビデ」ではなく、「第二の出エジプト」こそイスラエルの救済の姿なのである。ヤハウェとイスラエルの関係を夫と妻の関係として把握したホセアは、それを「新しい契り」のイメージで表現する。そこには後のエレミヤ書における「新しい契約」（エレ三一31以下）を遥かに予感させるものがある。「それゆえ、わたし（ヤハウェ）は彼女（イスラエル）をいざなって、荒れ野に導き、その心に語りかけよう。……そこで、彼女はわたしにこたえる。おとめであったとき、エジプトの地から上ってきた日のように」（ホセ二16―17）。「わたしは、あなたととこしえの契りを結ぶ。わたしは、あなたと契りを結び、正義と公平を与え、慈しみ憐れむ」（同21節）。そしてこの回復された神関係の状態は、イザヤ書一一章に酷似した、普遍的な平和のイメージで描かれるのである。「その日には、わたしは彼らのために、野の獣、空の鳥、土を這うものと契約を結ぶ。弓も剣も戦いもこの地から絶ち、彼らを安らかに憩わせる」（ホセ二20）。

預言者エレミヤは、王国滅亡（前五八七年）前後の時期にエルサレムで活動したが、彼自身は生粋のユダ（南王国）人ではなく、北部部族系のベニヤミン族の出身であった（エレ一1を参照）。このことが、彼の預言に独特の複雑な性格を与えている。少なくともその救済論について見る限り、エレミヤの立場はホセアのそれに近い。すなわちエレミヤは、ヤハウェとダビデ王朝の特殊な関係ということには何ら積極的な未来への希望を結びつけ得なかったのであり、それどころか、ダビデ王朝の王に対して神の名において王家断絶を宣告することさえ辞さなかったのである（エレ二二30）。この意味で、エレミヤの場合にも、救済預言がメシアへの待望という形を取る余地はなかった（いわゆるエレミヤのメシア預言とされるエレ二三5―6はほぼ確実にエレミヤのものではなく、イザヤの系統に属する後代の加筆である）。

むしろエレミヤは、すでに述べたように、バビロニアの支配という現実を神の裁きとして甘んじて受けることに、イスラエルにとっての唯一の未来の可能性を認めたのであり、その先にある神によるイスラエルの回復に希望を託したのである。エレミヤがそのような救いを確信していたことは、王国滅亡の寸前に、いまや異民族の手に渡ろうとしている故郷の土地を買い取るという、一見してまったく無意味とも思われる行為を彼が敢行したことに示されている[31]。すなわちそれは、その地でやがて再び健全な取引活動が行われる（即ち「シャーローム」な状態が回復する）という、彼の確信を示す象徴的行為だったのである。「イスラエルの神、万軍のヤハウェがこう言われるからだ。『この国で家、畑、ぶどう園を再び買い取る時が来る』」（エレ三二15。同44節をも参照）。

エレミヤは、捕囚に送られた知人たちに手紙を書き、「（バビロンで）家を建てて住み、園に果樹を植えてその実を食べなさい。妻をめとり、息子、娘をもうけなさい。……そちらで人口を増やし、減らしてはならない」と勧告する（エレ二九5―6）。言うまでもなく、遠い将来に必ずや訪れるであろう救いの時に備えるためである。これに続けて、驚くべき言葉が語られる。「わたしが、あなたたちを捕囚として送った町（バビロン）の平和（シャーローム）を求め、その町のためにヤハウェに祈りなさい。なぜならその町がシャーロームであることが、あなたたちにとってシャーロームなのだから」(同7節)。ここでは、エルサレムの平和表象を特徴づけたあの抜きがたい民族主義、排他主義が一片の残滓もなく払拭されている。エレミヤは、災いと裁きがヤハウェの究極的な意志でないことを確信していたのである。「わたしは、あなたたちのために立てた計画をよく心に留めている、とヤハウェは言われる。それは平和(シャーローム)の計画であって、災いの計画ではない」(同11節)。

バビロン捕囚民の中で活動した預言者エゼキエルは、かつてエルサレムの祭司であった(エゼ一3)。それゆえ彼の救済預言の中心をなすのは、エルサレム神殿の再建(四〇―四六章)と、そこへのヤハウェの「栄光」の帰還(四三1―6)である。しかし、それと並んで、あくまで副次的な要素としてであるが、メシア預言が見られることはいかにもエルサレム出身の預言者らしい。この理想的君主の統治を特徴づけるのも、また平和である。「わたしは彼らのために一人の牧者を起こし、彼らを牧させる。それは、わが僕ダビデである。彼は彼らを養い、その牧者となる。また、わたしヤハウェが彼らの神となり、わが僕ダビデが彼らの真ん中で君主となる。わたしヤハウェがこれを語る。わたしは彼らと平和の契約(ベリート・シャーローム)を結ぶ。そして悪い獣をこの土地から断ち、彼らが荒れ野においても安んじて住み、森の中でも眠れるようにする」(エゼ三四23―25。同三七24―26をも参照)。ここでもまた「ダビデ」は、自ら戦いによって敵を打ち破るのではなく、神自身によって樹立された恒久的平和の状態を維持する存在として描かれている。

「平和の契約」という観念は、捕囚時代末期の預言者第二イザヤにも見られる[32]。第二イザヤはバビロン捕囚からの解放と約束の地への帰還という目前に迫った救済を、ノアの洪水の終わりと比較して、次のように言う。「これは、わたしにとってノアの洪水に等しい。再び地上にノアの洪水を起こすことはないと、あのとき誓い、今またわたしは誓う、再びあなたを怒り、責めることはない、と。山が移り、丘が揺らぐこともあろう。しかし、わたしの慈しみはあなたから移らず、わたしの結ぶ平和の契約（ベリート・シャーローム）が揺らぐことはない。このように、あなたを憐れむヤハウェは言われる」（イザ五四9―10）。第二イザヤにとっては、捕囚からの解放とシオン（エルサレム）帰還そのものが福音であり、平和の音信に他ならない。「いかに美しいことか、山々を行き巡り、良い知らせを伝える者の足は。彼は平和（シャーローム）を告げ、恵みの良い知らせを伝え、救いを告げ、あなたの神は王となられた、とシオンに向かって呼ばわる」（イザ五二7）。

第二イザヤにおいて特徴的なのは、（第二）イザヤにおいてダビデ王朝と不可分のものであった神の救いが、そこから完全に切り離されていることである。したがって、第二イザヤにおいてもまた、――ただしホセアやエレミヤの場合とはまったく別の理由により――純然たるメシア預言というものはあり得ない。一方において、神の恵みの契約（サム下二三5、詩八九4―5、34―38、一三二10―12を参照）はダビデ王朝から切り離されて、イスラエル全体に拡大されている。すなわち、かつてダビデが果たした神の計画内部における役割を、いまやイスラエル全体が果たすことになるのである。「わたしはあなたたちととこしえの契約を結ぶ。ダビデに約束した真実の慈しみのゆえに。見よ、かつてわたしは彼を立てて諸国民への証人とし、諸国民の指導者とした。今、あなた（イスラエル！）は知らなかった国に呼びかける。あなたを知らなかった国は、あなたのもとに馳せ参じるであろう」（イザ五五３―５）。
　他方において第二イザヤは、――驚くべきことに――バビロン捕囚からの解放をもたらすペルシア王キュロスを「メシア」（「油注がれた者」）と呼んでいる。これは旧約聖書において、イスラエルの王以外の政治的支配者がこの称号で呼ばれる唯一の例なのである。[33]
「ヤハウェはかれの油注がれた者（メシア）、キュロスについてこう言われる。わたしは彼の右の手を固く取り、国々を彼に従わせ、王たちの武装を解かせる。扉は彼の前に開かれ、どの城門も閉ざされることはない」（イザ四五１）。捕囚前の預言者たちによれば、かつてヤハウェはアッシリアやバビロニアを「怒りの鞭」、「憤りの杖」として用いて、歴史の中でイスラエルへの裁きを実行した。第二イザヤによれば、まったく同じように、ただしまったく逆の目的――すなわちイスラエルの救い――のために、ヤハウェは世界史を動かし、ペルシア王キュロスを自分の救いの計画の道具として用いようとしている。ただ、キュロス自身はそれを知らないだけなのである。「わたしの僕ヤコブのために、わたしが選んだイスラエルのために、わたしはあなたの名を呼び、称号を与えたが、あなたはそれを知らなかった」（イザ四五４）。第二イザヤにおいても、神の世界支配、世界史支配を語る普遍主義と、止揚された形での選ばれた民の民族主義（イスラエルの救い！）が、緊張をはらみつつ独特の形で結合していると言えよう。
　バビロン捕囚後のいわゆる第二神殿時代の預言者たちの救済預言においても、平和（シャーローム）は大きな役割を演じている。捕囚後のイザヤ書の編集者は、すでに本研究の第一節で一部を引用したテキストの中で、神の霊が天から注がれる終末的な救いの時を次のように描写している。

「ついに、我々の上に霊が高い天から注がれる。荒れ野は園となり、園は森と見なされる。そのとき、荒れ野に公平が宿り、園に正義が住まう。正義が造り出すのは平和（シャーローム）であり、正義が生み出すのはとこしえに安らかな信頼である。わが民は平和の住みか、安らかな宿、憂いなき休息の場所に住まう」（イザ三二15—18）。

いわゆる第三イザヤの最後近くの部分には、エルサレムの回復が次のような楽園的なイメージで描かれる。「ヤハウェはこう言われる。見よ、わたしは彼女（エルサレム）に向けよう、平和（シャーローム）を大河のように、国々の栄光を洪水の流れのように」（イザ六六12）。バビロン捕囚終了後の預言者ゼカリヤもまた、イスラエルとエルサレムの回復を楽園的な大地の豊穣と結びつけて次のように述べている。「平和（シャーローム）の種が蒔かれ、ぶどうの木は実を結び、大地は収穫をもたらし、天は露をくだす。わたしは、この民の残りの者にこれらすべてのものを受け継がせる」（ゼカ八12）。

これらの救済預言において、「シャーローム」の語はほとんど「救済」と同義語になっていると言えるほどである。しかしそれらにおいては、この観念によって表される事態がますます歴史的具体性を失い、一般化・抽象化・類型化され、ほとんど夢想と境を接したもの——すなわち「非現実的」という意味での「終末論的」なもの——になっていることは看過できない。このこともまた、捕囚後のイスラエルの置かれた歴史的状況と無関係ではなかったであろう。バビロン捕囚中の救済預言は、捕囚からの解放という一点にその希望を集中させてきた。その後たしかに捕囚からの解放は実現したが、それは必ずしも人々の期待を完全に満足させるものではなかった。捕囚からの帰還は、第二イザヤが思い描いたような自然の変容を伴う堂々たる凱旋行進（イザ四〇3―11、四三16―20、四九11―13、五二11―12、五五12―13等を参照）とは似て非なるものであった。ようやく与えられた平和（シャーローム）も、普遍的なものでも恒久的なものでもなく、かろうじて再建された神殿を中心とするささやかで脆弱なものにすぎなかった（ゼカ六13、ハガ二9を参照）。あれほど期待された理想的君主は現れず、ダビデ王国の再建は成らず、その後もペルシア帝国、ヘレニズム諸国家の異民族支配が続くことになった。このような状況の中から、旧約聖書中で最も厭世的・懐疑的な性格を持ったコヘレトの言葉（伝道の書）が生まれてきたことも決して偶然ではないであろう。

この時代から生まれた救済預言の中で、われわれの主題に関連して特に注目に値するのは、前三〇〇年頃に書かれたと思われるいわゆる「第二ゼカリヤ[34]」に含まれたメシア預言である。そこではまず、アレクサンドロス大王の遠征によるパレスチナ海岸部の征服が神の裁きとして語られた後に（ゼカ九1―8）、それとは鮮やかな対照をなしつつ、戦いの天才アレクサンドロスとはまさに正反対な、一人の統治者の到来が告知される。「見よ、あなたの王があなたのもとに来る。彼は正しく、救われた者。へりくだった者で、ろばに乗って来る」（ゼカ九9）。ここで描かれているのは、まったく武装解除された無力なメシア像である[35]。彼は正しい者（ツァッディーク）であるが、「鉄の杖で彼らを打ち、陶工が器を砕くように砕く」（詩二9）のではなく、みずから「救われ」（ノーシャー）ねばならない存在である。「へりくだった者」と訳された原語の「アーニー」は、文字通りには「貧しい者」を意味する。古代オリエントの王たちは軍馬に乗って戦ったが、このメシアはあえて足の遅い、軍事的な役に立たないろばに乗ってやって来るのである。かつて聖戦の物語や預言者たちの告知の中で、戦いがヤハウェのみの業とされることによってイスラエルから戦闘行為が剝奪されていったように、ここではメシアからさえ、すべての戦闘手段が取り去られているのである。このことは、これに続く部分でさらに世界全体に拡張される。「わたしはエフライムから戦車を、エルサレムから軍馬を絶つ。戦いの弓は絶たれ、諸国の民に平和（シャーローム）が告げられる。彼の支配は海から海へ、大河から地の果てにまで及ぶ」（ゼカ九10）。この王の統治のために、神自身がすべての武力を剝奪する。

ここでこの武装解除のイメージが、すでに見たような、イスラエルの敵に対する勝利のため（詩四六10、七六4）でも、逆にイスラエルへの処罰のため（ミカ五9）でもないことは注意を要する。これによって、（イスラエルのみに対してでなく）「諸国の民」に平和が告知されるのである。したがって、それはまさに、普遍的・恒久的な平和のための武装解除なのである。このメシアの支配は、文字通り武力・圧政なき支配なのであり、彼は語の本来的意味における「平和の君」なのである。[36]

このことと関連して、最後にもう一つ、旧約聖書における代表的な平和の預言を取り上げておきたい。よく知られていることであるが、イザヤ書二章2―4節とミカ書四章1―3節にはほとんど同一の次のような預言が収録されている。「終わりの日に、ヤハウェの家の山は、山々の頭として堅く立ち、どの峰よりも高くそびえる。国々はこぞって大河のようにそこに向かい、多くの民が来て言う。『ヤハウェの山に登り、ヤコブの神の家に行こう。かれはわたしたちにかれの道を示される。わたしたちはその道を歩もう』と。なぜなら、教え（トーラー）がシオンから、ヤハウェの言葉がエルサレムから出るからである。かれは国々の間を裁き、多くの民を戒められる。彼らは剣を打ち直して鋤とし、槍を打ち直して鎌とする。国は国に向かって剣を上げず、もはや戦うことを学ばない」（引用はイザヤ書による。ミカ書では、傍点を付した部分に若干の単語の相違がある）。

この預言が、共に前八世紀の南王国で活動した二人の預言者の預言集に取り入れられていることから、その著者が誰であるかをめぐって、多くの議論が展開されてきた。ここでこの問題に詳しく立ち入ることはできないが、結論だけを述べれば、筆者はさまざまな点から見て、この預言はイザヤのものでもミカのものでもなく、捕囚後の時代に匿名の人物によって書かれたものが、二つの古典的な預言書に並行的に組み入れられたものであると考える。何よりもまず、この預言の前半の部分に見られるようなヤハウェ宗教の世界宗教的開放性と普遍性は、捕囚後の詩編の一部や第三イザヤ等になって初めて見られるものであり、イザヤやミカの他の預言とは根本的に異質なものに思えるからである。ここでは王の詩編やイザヤ書に見られたエルサレムへの諸国民の攻撃、殺到のモチーフに代わって、諸国民のシオン（エルサレム）への巡礼のモチーフが現れている。これとよく似たイメージは他にも見られるが、いずれも捕囚後のテキストである（イザ六六18―21、ゼカ二14―17、八20―23、一四16―21、詩一〇二28―30、八六9、一〇二20―23）。ここでは明らかに、捕囚後のユダヤ教団の時代に初めて登場した異邦人改宗者の存在が前提にされていよう。

後半の部分の平和表象は、先に見た第二ゼカリヤのメシア預言（ゼカ九10）と非常に近い。ここでもまた、神の世界支配が強調され、その目的（ないし結果）としての普遍的平和が語られる。[37] しかし、ここでは諸国民が（神やメシアによって武装解除されるのではなく、）みずから自発的に、もはや不要となった武器を平和的な目的（農作業）に用いる農具に打ち直す。平和が真の意味で恒久的、普遍的なものとして確立されるので、彼らはもはや戦いの術さえ忘れてしまう。ここにはもはや、平和的な動物であるろばに乗る「平和の君」としてのメシアさえ必要とされないのである。今日、ニューヨークの国際連合本部前の広場にあるいわゆる「イザヤの壁」に刻み込まれていることの預言こそ、旧約聖書の生み出した平和思想の頂点に位置するものであるといえよう。(38)

七　エピローグ――「苦難の僕《しもべ》」とイエス・キリスト

極めて不十分な概観であったが、これまで見てきたように、イスラエルはその数々の戦いに満ちた歴史を通じて、かつては支配的であった民族主義的・排他的な平和の理念の限界を踏み越えて、ついには普遍的・恒久的な平和の理念を提示することができた。このことの背景には、しばしば本文中で指摘したように、なかんずく記述預言者たちが、従来の自民族中心主義的な「戦いの神」の表象や神の世界支配の理念を乗り越えて、普遍的な神観と神の普遍的な世界支配の理念を獲得することにより、イスラエル民族の存在そのものをも相対化して捉え得たことがあった。しかし、その後のイスラエル・ユダヤの歴史を通じて、そのような普遍的平和への希求はあくまで理念に止まり、現実化されることはなかった。それどころか、ユダヤ人が体験する現実は、ますますそのような理念から離れていったと言ってよい。すでに捕囚前の記述預言者たちの告知において、審判の預言が圧倒的な現実性と迫真的な歴史的具体性をもって語られたのに対し、救済預言はその背後に垣間見える漠然とした希望、遥か彼方の理想的――ないし幻想的――状況として描かれるに止まっていた。そしてこの傾向が、バビロン捕囚後の時代にますます強まったことはすでに見た通りである。それは、第二イザヤが告知したように目前に迫ったものではなく、いつの日か分からぬ未来、ついには「世の終わり」になって初めて実現することであるとみなされるようになった。(39) イスラエルは、国家滅亡、バビロン捕囚、異民族支配という苦難の歴史の中で、虚しくこの終末論的救済と普遍的平和の到来を待ち続けたのである(ダニ七章等を参照)。

最後に、これまで引いてきた旧約聖書の平和(シャーローム)に関する言明といささか性格を異にし、それゆえこれまでの歴史的概観では扱いきれなかった一つの箇所を挙げておきたい。それは、イザヤ書五三章にある、旧約聖書中最も難解な部分の一つとされる「苦難の僕《しもべ》の歌」の一節である。これは第二イザヤの文脈中に、バビロン捕囚からの解放を告知する本文の趣旨とは無関係にばらまかれている、「(神の/ヤハウェの)僕(エベド)」と呼ばれる匿名の人物について歌った四つの歌(イザ四二1―4、四九1―6、五〇4―9、五二13―五三12)の最後の部分である。そこでは、自らの苦難によって人々の罪を贖い、自分の苦しみと傷によって人々に平和と救いをもたらす「僕」の姿が描かれている。「彼が担ったのはわたしたちの病、彼が負ったのはわたしたちの痛みであったのに、わたしたちは思っていた。神の手にかかり、打たれたから、彼は苦しんでいるのだ、と。彼が刺し貫かれたのは、わたしたちの背きのためであり、彼が打ち砕かれたのは、わたしたちの咎のためであった。彼の受けた懲らしめによってわたしたちに平和(シャーローム)が与えられ、彼の受けた傷によって、わたしたちはいやされた。……彼の時代の誰が思い巡らしたであろうか、わたしの民の背きのゆえに、彼が神の手にかかり、命ある者の地から断たれたことを」（イザ五三4―5、8）。

現代の旧約学においては、これらの「僕の歌」が第二イザヤ自身の作であるかどうか、そして何よりもまず、この「僕」が何者なのかについて、激しく議論が戦わされており、これらの問題に関して未だに一致した解答が得られていない。後者に関しては、（1）集団説（イスラエル民族の姿を擬人的に表したものと理解する）、（2）自伝説（第二イザヤ自身の姿を描いたものと理解する。したがってその死を描く五三章は、預言者自身が自分の死を予見したものか、その弟子が師の死後書いたものということになる）、（3）理想的預言者説（自伝的描写でないという点で（2）とは区別される）、（4）メシア説（理想的な王の姿を描いたものと理解する）、（5）歴史的特定個人説（モーセ、ダビデ、エレミヤ、ヨシヤ、キュロス、ゼルバベル、セシバザル等と同定する）が提唱されている。[40] ここではこの複雑な問題を立ち入って検討することはできないが、いずれにせよ、ここに一人の人物が他の人々の代理としてその罪を引き受け、その受難と死によって他の人々に赦しをもたらすという、旧約聖書においても類例のない救済観、すなわち自己犠牲的な代理贖罪の思想が語られていることは疑いない。「わたしの僕は、多くの人々が義《ただ》しい者（ツァッディーク）とされるために、彼らの罪を自ら負った」（イザ五三11）。そしてここでもまた、そのような救済の告知の文脈の中で、「シャーローム」について語られているのである（5節を逐語的に訳すと、「われわれのシャーロームの〔ための〕懲罰が彼の上にある」となる）。ここで言われている「シャーローム」が単に戦争のない状態や敵からの加護を表すのでなく、並行句で「いやし」と等置されていることに示されているように、罪の赦しと神関係の回復を指し、ほとんど「救い」と同義語であることは明白である。ここでは、この語が本来持っていた包括的な完全性、十全性、欠けのない充実した状態の観念が回復されており、しかもそのすべてが、一人の人物の自己犠牲的苦難の上に基礎づけられているのである。

代理贖罪の思想そのものは、よく知られているように、イスラエルの犠牲祭儀の中にその根を持っている。そしてそこで前提とされていたのは、罪が——穢れと同じように——他の存在に伝染、転移するという呪術的な思考である。すなわち、人々は動物の上に自分たちの罪を移し、それを身代わりとして屠ったり、共同体から追放したりすることによって、罪を「祓った」のである（レビ四—五章、一六章）。「僕の歌」にも、そのような犠牲祭儀の発想が少なくとも形式的には受け継がれている。「彼は自らを償いの献げ物（アーシャーム）とした」（イザ五三10）。しかし、「僕の歌」においては、そのような観念から呪術的要素がすべて払拭され、祭儀の場から完全に切り離されて、それが一個人の具体的な苦難と死の運命に移されていることが決定的な特色である。ここに描かれた「僕」の姿は、栄光のメシア像とも、「新しい契約」の思想とも、終末的な楽園回復の理想とも無縁なものである。「僕の歌」の作者が誰の姿を念頭においていたにせよ、ここにあらわれた贖罪思想が、旧約聖書の他の救済論とはまったく異質の、或る種の例外的な「突破」であったことに疑問の余地はない。

「僕」が本来誰であれ、後の最初のキリスト教徒たちは、十字架の上で死んだナザレのイエスの受難のうちに、「僕の歌」の成就を見出した（使八30―35、マタ八17等を参照）。イエスの生涯と、特にその受難が「苦難の僕」の姿を雛形として描かれ、またその死がその「僕」の苦難に基づき贖罪論的に意味づけられた（マコ一〇45、一四24等を参照）という限りにおいて、「僕の歌」は結果的に「イエス・キリスト」の登場を預言するもの、ないし少なくともそれを準備するものであったと言えよう。キリスト教徒はまた、イエスにおいて数々のメシア預言が成就されるのを見た（マタ二6、二一5、ロマ一五12等を参照）。そして彼らはそこに、旧約聖書においては未だ来たらぬ理想的状態に止まっていた預言者たちの救済預言の実現を見出したのである。しかし、そのような信仰から生まれたキリスト教が、その二千年の歴史を通じて本当に「平和の君」をキリストと仰ぐ宗教であり得たかどうか、真の意味での普遍的で恒久的な平和の実現に寄与してきたかどうか、イエスが「幸い」と宣した「平和を作り出す者」（マタ五9）であり得たかどうか、むしろ、かえって多くの戦いと悲惨と不幸を引き起こしてこなかったかどうかは、キリスト教自体に厳しく問われねばならないであろう。

注

（1）本論文は、北星学園大学における一九九一年度の一般教育総合講義「国際協力と平和の学際的研究」の中で行った筆者の担当分「旧約聖書と平和」の講義原稿に大幅に手を加えたものである。なお、この研究の骨子は、一九九一年一一月二四日、早稲田大学における「日本宗教学会第五〇回学術大会」で発表された。

聖書からの引用は『新共同訳 聖書』を基盤とし、場合によってそれに筆者が手を加えたものである。聖書文書の略号も新共同訳の目次の方式に従う。また聖書の箇所は、章は漢数字で、節は算用数字で表す。なお、詩編と預言書の原文は韻文であるが、引用の際に紙幅の節約のため改行は省略した。

（2）平和学の成立と展開については、日本平和学会編集委員会編『平和学——理論と課題』、早稲田大学出版部、一九八三年、特に同書中の高柳先男「平和研究」（三―一三頁）と岡本三夫「平和研究の展開」（一五―四六頁）等を参照。

（3）ヨーロッパでは聖書学者も積極的に平和研究に参加している。例えばC. Westermann, Der Frieden (schalom) im Alten Testament, in: G. Picht / H. Tödt (Hg.), *Studien zur Friedensforschung*, Bd.1, Stuttgart 1969, pp. 144–177; P. Stuhlmacher, Der Begriff des Friedens im Neuen Testament und seine Konsequenzen, in: W. Huber (Hg.), *Studien zur Friedensforschung*, Bd. 4, Stuttgart/München 1970, pp. 21–69 等を参照。なお、旧約聖書の平和思想を扱った邦語著作として、関根正雄「旧約聖書と平和の問題」、同『イスラエルの思想と言語』、岩波書店、一九六七年、九〇―一一四頁（＝『関根正雄著作集5』、新地書房、九七―一二八頁）。宮田光雄『平和の思想史的研究』、創文社、一九七八年、一一―一八頁。深瀬忠一『戦争放棄と平和的生存権』、岩波書店、一九八七年、一〇―一二頁。木田献一『平和の黙示―旧約聖書の平和思想』、新地書房、一九九一年、二一―一四四頁等を参照。

（4）歴史上、旧約聖書がキリスト教徒やイスラム教徒により戦争の正当化に用いられてきたことについては、P・C・クレイギ『聖書と戦争―旧約聖書における戦争の問題』、村田充八訳、すぐ書房、二〇〇一年、二五―四六頁参照。

（5）「シャーローム」の語義の諸相については、G. von Rad, Art. εἰρήνη, in: *ThWNT* II (1935), pp. 400–405; G. Gerleman, Art. šlm, in: *THAT* II (1995^{5}), pp. 919–935; H. H. Schmid, Art. Frieden, II. Altes Testament, in: *TRE* 11（1983）, pp. 605–610 の他、以下の諸書を参照。J. Pedersen, *Israel. Its Life and Culture* 1–2, London 1926, pp. 311–335; H. Groß, *Die Idee des ewigen und allgemeinen Weltfriedens im Alten Orient und im Alten Testament*（TThSt 7）, Trier 1965, 特に pp. 60–111; C. Westermann, Frieden〔注3〕; W. Eisenbeis, *Die Wurzel šlm im Alten Testament*（BZAW 113）, Berlin 1969, 特に pp. 80–222; H. H. Schmid, *šalôm. Frieden im Alten Orient und im Alten Testament*（SBS 51）, Stuttgart 1971, 特に pp. 45–90 等参照。

（6）日本基督教協議会文書事業部コンコーダンス委員会編『旧約新約 聖書語句大辞典』、教文館、一九五九年、索引の部五五頁。

（7）Pedersen, *Israel*〔注5〕p. 313.

（8）G・フォン・ラート『旧約聖書神学I』、荒井章三訳、日本基督教団出版局、一九八〇年、一八一頁。

（9）Westermann, Frieden〔注3〕p. 148.

（10）Schmid, Frieden〔注5〕p. 605.

（11）Gerleman, šlm〔注5〕p. 972.

（12）ヴェスターマン（Westermann, Frieden〔注3〕pp. 152–162）は、比較的小さな範囲の人々の間に成立している、「シャーローム」による挨拶によって表現される親密な交わりこそ、「シャーローム」という語の意味する最も根源的なものであるとし、そこに相互的な責任、信頼、安全さといった要素が含まれていることを指摘する。他方でシュミート（Schmid, *šalôm*〔注5〕pp. 47–53）は、「シャーローム」の語を用いた挨拶の習慣の背後に、その言葉を発することによって実際にそれによって表される事態を招来させようとする呪術的思考が潜んでいることを指摘する。

（13）ここでは「シャーローム」という言葉の意味内容のずれが逆説的で皮肉な役割を演じている。ヨラム王は「シャーローム」の語で極めて形式的にイエフに挨拶を送ったにすぎないが、イエフは、ヨラムの母（イゼベル）の異教振興や呪術がイスラエルにおけるあるべき健全な状態（すなわち「シャーローム」）を損なっていると主張したのである。

（14）L・ケーラー『ヘブライ的人間』、池田裕訳、日本基督教団出版局、一九八二年、一七三頁。

（15）Westermann, Frieden〔注3〕pp. 150.174; Schmid, *šalôm*〔注5〕pp. 87–88 等を参照。

（16）G. Mendenhall, The Hebrew Conquest of Palestine, *BA* 26 (1962), pp. 66–87; N. K. Gottwald, *The Tribes of Yahweh: A Sociology of the Religion of Liberated Israel, 1250–1050 B.C.E.*, London 1979; N. P. Lemche, *Early Israel: Anthropological and Historical Studies on Israelite Society before the Monarchy* (VTS 37), Leiden 1985; G. W. Ahlström, *Who were the Israelites?*, Winona Lake 1986; 木田献一『旧約聖書の中心』、新教出版社、一九八九年、三〇―五〇頁等を参照。

（17）古代イスラエルにおける戦争と宗教の問題については以下の諸書を参照。G. von Rad, *Der Heilige Krieg im alten Israel*, Zürich 1951〔G・フォン・ラート『古代イスラエルにおける聖戦』、山吉智久訳、教文館、二〇〇六年〕; R. Smend, *Jahwekrieg und Stämmebund. Erwägungen zur ältesten Geschichte Israels* (FRLANT 84), Göttingen 1963; F. Stolz, *Jahwes und Israels Krieg. Kriegstheorien und Kriegserfahrungen im Glauben des Alten Israel* (AThANT 60), Zürich 1972; M. Weippert, Heiliger Krieg in Israel und Assyrien, *ZAW* 84 (1972), pp. 460–493; Sa-Moon Kang, *Divine War in the Old Testament and in the Ancient Near East* (BZAW 177), Berlin/New York 1989; クレイギ『聖書と戦争』〔注4〕。W・H・シュミット『歴史における旧約聖書の信仰』、山我哲雄訳、新地書房、一九八五年、一九九―二〇七頁。W・ツィンマリ『旧約聖書の世界観』、山我哲雄訳、教文館、一九九〇年、一〇六―一二三頁。

（18）旧約聖書にも、先住民を単純にイスラエルの敵＝ヤハウェの敵とみなす選民主義的立場でなく、彼らが滅ぼされるのは彼ら自身の罪と悪の故であると説明する部分が少数ながら見られる（創一五16、レビ一八24―25、申九4―5、一八12）。そのような思想は、イスラエルによるカナン征服を倫理的に合理化しようとする反省の結果であるとみなし得よう。しかしこのような理解は、旧約聖書全体を通して見れば周辺的なものに止まっている。

(19)「聖絶」（ヘーレム）については、N. Lohfink, Art. ḥāram, ḥerem, in: *ThWAT* III (1982), pp. 192–213 等を参照。

(20) Lohfink, ḥāram〔注19〕pp. 202–203; *ANET*, p. 320 等を参照。

(21) この現象については、von Rad, *Heilige Krieg*〔注17〕pp. 43–50; ツィンマリ『旧約聖書の世界観』〔注17〕一一四—一一六頁、および P. Weimar, Die Jahwekriegserzählungen in Ex 14, Jos 10, Ri 4 und 1Sam 7, *Bib* 57 (1976), pp. 38–73 等を参照。

(22) 出一四章の「海の奇跡」の物語が申命記主義的な編集者の手によって聖戦的な改訂を受けていることについては、山我哲雄「海の奇蹟——出エジプト記一四—一五章の伝承史的研究」、『聖書学論集22』、一九八八年、五—五四頁を参照。

(23) イスラエルにおける王政成立の諸事情については、「イスラエル史」各書、例えばM・ノート『イスラエル史』、樋口進訳、日本基督教団出版局、一九八七年、二一三—二六二頁。M・メッガー『古代イスラエル史』、山我哲雄訳、新地書房、一九八三年、一〇七—一二二頁。山我哲雄／佐藤研『旧約新約聖書時代史』、教文館、一九九二年、四九—五一頁等を参照。

(24) もちろん、神による世界支配の表象は、イスラエルの独創ではなく、カナンの神話に見られるものと多くの共通性を持つ。おそらくイスラエルは、先住民カナン人——特にエルサレムのエブス人——からそのような観念を受け継ぎ、それを自分たちの神ヤハウェに当てはめたのであろう。V. Maag, Malkut Jhwh, *Oxford Congress Volume* (SVT 7), Leiden 1960, pp. 129–153; W. H. Schmidt, *Königtum Gottes in Ugarit und Israel. Zur Herkunft der Königsprädikation Jahwes* (BZAW 80), Berlin 1961; F. Stolz, *Strukturen und Figuren im Kult von Jerusalem. Studien zur altorientalischen, vor- und frühisraelitischen*

Religion (BZAW 118), Berlin 1970 およびシュミット『歴史における旧約聖書の信仰』〔注17〕二九四—三一〇頁等を参照。

(25) O. H. Steck, *Friedensvorstellungen im alten Jerusalem. Psalmen, Jesaja, Deuterojesaja* (ThSt 111), Zürich 1972 特に pp. 25–31. なお Stolz, *Strukturen und Figuren* 〔注24〕およびシュミット『歴史における旧約聖書の信仰』〔注17〕四一九—四四四頁をも参照。

(26) 日本平和学会編集委員会編『平和学』〔注2〕二四—二六頁、一〇九—一三二頁、および日本平和学会編『構造的暴力と平和——教育・性・職場・マスコミの現場から』(平和研究叢書3)、早稲田大学出版部、一九八八年等を参照。

(27) もちろん、預言者たちは一方で普遍的な神観を提示しながら、他方でイスラエル民族の運命に特別の関心を寄せている。預言者たちの中に強烈なナショナリズム的精神が残されていたことは、とりわけ彼らの「諸国民に向けた預言」(イザ一三—二三章、エレ四六—五一章、エゼ二五—三二章等)に示されている(ただしこれらの箇所中の多くの部分は研究者たちによって真筆性を疑われている)。イスラエルの預言者の思想は、神の普遍的世界支配の観念とイスラエルへの民族主義的な関心の間の強烈な緊張、相剋(アンビバレンツ)によって特徴づけられると言えよう。

(28) 最近のエレミヤ書研究では、エレミヤ書の散文の部分に申命記主義的な編集者の手が大幅に加わっていることが注目されている。例えば W. Thiel, *Die deuteronomistische Redaktion von Jeremia 1–25* (WMANT 41), Neukirchen-Vluyn 1973; Ders., *Die deuteronomistische Redaktion von Jeremia 26–45* (WMANT 52), Neukirchen-Vluyn 1981; S. Herrmann, *Jeremia. Der Prophet und das Buch* (EdF 271), Darmstadt 1990. しかし、そこに申命記主義的な潤色があるにせよ、エレミヤ書に描かれたエレミヤの言動すべてがこの編集者の捏造であって、歴史的エレミヤとはまったく無縁であるとは考え難い。ここでは取り上げた部分のエレミヤの言動が、エレミヤ自身のそれを比較的忠実に反映しているという前提で論を進める。関根正雄『関根正雄著作集14・15 エレミヤ書註解上・下』、新地書房、一九八二年の該当箇所をも参照。

(29) 徹頭徹尾「災いの預言者」であったアモスの場合は、この点での例外であったといえるかもしれない(アモ九11―15の救済預言は、南王国の滅亡とバビロン捕囚を前提としており、確実にアモスのものではなく、後代の加筆である)。このことはアモスが、まだアッシリアの脅威が現実化しておらず、イスラエルが表面上の繁栄と安泰を享受していた時期に登場したという、時代条件と関係するかもしれない。アモスにとっては、イスラエルを惰眠から目覚めさせ、神の審判の恐るべき可能性の前に立たせることが肝要だったのである。しかしアモスにおいても、わずかな可能性(「もしや(ウーライ)」)ではあるが、悔い改めと立ち帰りによる一部の者の救いの道は閉ざされていない。アモ五4―5、14―15を参照。

(30) 預言者たちの救済預言に関しても、最近ではその真筆性を疑問視したり、少なくともそれを再検討したりしようという声が顕著になりつつある。例えばイザヤに関してはW. Werner, *Eschatologische Texte in Jesaja 1-39. Messias, Heiliger Rest, Völker* (fzb 46), Würzburg 1982, エレミヤに関しては、S. Böhmer, *Heimkehr und neuer Bund. Studien zu Jeremia 30-31*, Göttingen 1976; T. Odashima, *Heilsworte im Jeremiabuch. Untersuchungen zu ihrer vordeuteronomistischen Bearbeitung* (BWANT 125), Stuttgart 1989 等を参照。預言者の救済預言全体に関しては、S. Herrmann, *Die prophetischen Heilserwartungen im Alten Testament. Ursprung und Gestaltwandel* (BWANT 85), Stuttgart 1965; C. Westermann, *Prophetische Heilsworte im Alten Testament* (FRLANT 145), Göttingen 1987 等を参照。ここではイザ九、一一章、ミカ五章のいわゆる「メシア預言」の真筆性を基本的に前提とする立場から論を進める。K・コッホ『預言者I』、荒井章三/木幡藤子訳、教文館、一九九〇年等をも参照。

(31) エレミヤ書の散文の部分については、注28を参照。なおエレミヤ書中の救済預言の中で最も有名である「新しい契約」の預言（エレ三一31―34）は、神との和解という意味で間接的に「シャーローム」の問題とも関わってくるが、ここでは扱わない。

（32）現代の旧約研究では、文体、内容、時代背景等の相違から、イザヤ書四〇章以下は前八世紀の預言者イザヤとは別の人物の預言とし、四〇―五五章を「第二イザヤ」（バビロン捕囚時代末期）、五五―六六章を「第三イザヤ」（パレスチナ帰還後、複数著者説あり）として区別する。『旧約新約聖書大事典』（教文館）の「イザヤ書」の項等を参照。

（33）レビ四3、5、35、ダニ九25―26等では大祭司が「メシア」と呼ばれ、詩一〇五15では族長たちが同じく「メシア」と呼ばれているが、これらはいずれもかなり後期の二次的用法であり、しかも政治的支配者の意味ではない。

（34）現代の旧約研究では、「第二・第三イザヤ」の場合（注32参照）と同じ理由により、ゼカリヤ書九章以下を「第二ゼカリヤ」として区別する。一二章以下をさらに別人のものとみなして「第三ゼカリヤ」とする見方もある。『旧約新約 聖書大事典』（教文館）の「ゼカリヤ書」の項等を参照。

（35）W. H. Schmidt, Die Ohnmacht des Messias. Zur Überlieferungsgeschichte der messianischen Weissagungen im Alten Testament, *KuD* 15（1969）, pp. 18-34 および同『歴史における旧約聖書の信仰』〔注17〕四一六頁を参照。

（36）七十人訳（ギリシア語訳）はこの部分を「彼は」と読み、これに従う訳も少なくない（例えばNEB, NRSV, K・エリガー『ＡＴＤ旧約聖書註解26 十二小預言書〈下〉ナホム―マラキ』、稲場満／荻原泰蔵／小泉仰／森田外雄訳、ＡＴＤ・ＮＴＤ聖書註解刊行会、一九八四年）。このように読めば、メシア自身が武器を絶つことになる。しかし、直前に描かれた「無力のメシア」像からは、マソラ本文（現在の標準ヘブライ語テキスト）のまま、それを神の業と理解するほうが適切であろう。

(37) もちろん、ここでもまた、諸国民がエルサレム―シオンに巡礼してくるという表象において、宗教的なエルサレム・イスラエル中心主義は残されている。その限りにおいて、旧約聖書の平和表象はあくまで「相対的なもの」(Schmid, *šalôm*〔注5〕pp. 86-90.103-107)に止まり、「オリエント的思考の基本的枠組みは突破されていない」(宮田『平和』〔注3〕一八頁)ということもできる。しかしここでは、王国時代の詩編に見られたような異民族への政治的支配がまったく前提にされておらず、さらには――ゼカ八20―23に見られるような――イスラエル自身の宗教的優位さえもはや前提にされていない。したがって、ここにそれまでの旧約聖書に見られなかったまったく新しい質の宗教的普遍性が現れていることは大いに強調しておく価値があろう。

(38) 深瀬『戦争放棄』〔注3〕一一―一二頁参照。

ただし、捕囚後の預言者がすべてこのような普遍主義的精神を持っていたわけでないことは言うまでもない。ヨエル書の以下のような記述は、まさにイザ二2―4とは正反対の、好戦的、民族主義的精神に貫かれている。「諸国の民にこう呼ばわり、戦いを布告せよ。勇士を奮い立たせ、兵士をことごとく集めて上らせよ。お前たちの鋤を剣に、鎌を槍に打ち直せ。……諸国の民が奮い立ちヨシャファトの谷に上って来ると、わたしはそこに座を設け、周囲のすべての民を裁く」(ヨエ四9―12)。

(39) この傾向は、いわゆる旧・新約中間時代のユダヤ教黙示文学においてその頂点に達し、それがキリスト教のヨハネ黙示録にも引き継がれることになる。

(40) 「僕の歌」に含まれる諸問題と「僕」の同定に関する諸説については、中沢洽樹『苦難の僕――イザヤ書五三章の研究』、山本書店、一九七五年(増補新版)、および H. Haag, *Der Gottesknecht bei Deuterojesaja* (EdF 233), Darmstadt 1985 を参照。筆者自身はこの問題にまだ集中的に取り組んでいないが、現在のところ本文に挙げた(2)に近い感触を持っていることを付記しておく。

ナタン預言の成立(1)

一

ナタン預言（サム下七1―17）が、「旧約」と「新約」を結ぶうえで最も重要なテキストの一つであることは広く認められている。「ダビデの子孫」に対する「永遠」の王位と神の加護の約束を語るこのテキスト中に、フォン・ラートの言葉を借りれば、「あらゆるメシア的期待の歴史的起源と正当化が存在する(2)」と見られるからである。

同時に、サムエル記下七章は、「最も多く議論され、論争の的になった聖書箇所の一つ(3)」でもある。これは、この箇所の持つ思想史的、影響史的重要性(4)のためばかりではない。ナタン預言そのものの中に、相互に緊張関係にある、さまざまに異なる関心や主題が併存しており、またおそらくは意図的に曖昧、ないし多義的な表現が用いられているので、この「預言」の言わんとするところが必ずしも明晰判明でないという面があるからである。そこで、まずこの箇所の内容を点検しつつ、そこにどのような釈義上の問題がはらまれているのかを改めて確認することから始めたい。

二

サムエル記下七章全体の大きな構造は、一見して明確である。全体は、ヤハウェからのダビデへの「永遠の王朝」の約束を含むナタン預言（1―17節）と、ダビデがこれに感謝し、その実現を願うダビデの祈り（18―29節）の二つの部分に分かれる。前者には、物語的な枠組みがあり（1―4、17節）、預言本体（5―16節）は、三つの使者定式ないし神託定式（5節aβの「ヤハウェはこう言われる」、8節aαの「万軍のヤハウェはこう言われる」、11節bαの「ヤハウェはあなたに告げる」）によってさらに三つの部分に分かれる。

物語的な枠組みの部分では、王宮（文字通りには「彼の家（バイト）」）に住むようになったダビデが、神の箱が（みすぼらしい？）「天幕の中に置かれたまま」であることに気づき、「預言者ナタン」に相談する（1―2節）。ナタンはここが初出であるが、「預言者」（ナービー）とされている以上、王の宗教顧問のような役割を果たしていたのであろう。具体的な相談内容は明記されていないが、王の意図が神の箱を安置するために神殿（文字通りには「家（バイト）」）を建てることであることは、5節bの神の言葉から明白である。ナタンは王の意図を察知するが、この時は神の判断を求めず、自分自身の判断で王の意向に全面的な賛意を表明する。「あなたの心にあることは何でも実行なさるとよいでしょう。ヤハウェがあなたと共におられるのですから」(3節)。ところが、「その夜、ヤハウェの言葉がナタンに臨んだ」(4節)。そこで、ナタンはダビデに、「それらの言葉すべてを、……その通りに」伝達した(17節)、という。

ナタンに臨んだヤハウェの言葉は、前述のように三つの部分に分かれる。第一の部分(5―7節)は、主として二つの修辞疑問文と、その間に挟まる確認の平述文からなる。内容的に見れば、ヤハウェの意志は、ダビデの意向とも、それに対するナタンの賛同とも衝突するものであった。すなわち、ダビデ(「あなた」)はヤハウェ(「わたし」)のために「住むための家」を建てようとしている(5節b)が、ヤハウェはこれまで「家には住まず」、出エジプトの時以来、「天幕の中にあって」イスラエルの子らと共に「歩き回ってきた」(ミトハッレーク)し、イスラエルのいずれかの部族[5]に「家」を建てるように要求したこともない、というのである(6―7節)。文面から、この神の言葉は、ヤハウェの「住むための家」としての神殿というものの存在価値を全面的、原理的に否定したものと見ることができる。

8節aαの第二の使者定式で、第二の部分(8―11節a)に入り、話題は突如としてヤハウェとダビデの関係に切り替わる。新共同訳等ではあまりはっきりしないが、ここでは動詞の形から、9節aまでがいわゆる継続未完了形で、過去の意味を持ち、これまでのヤハウェのダビデへの加護と導きを述べたものと見ることができる。すなわち、ヤハウェはダビデを「牧場の家畜の群れの後ろ」から取って、イスラエルの「指導者(ナーギード)」とし(8節)、常にダビデと「共にいて」、彼の前から「敵たちをことごとく断った」のである(9節a)。9節bからは形が突如継続完了形に変わるので、将来の展望と見ることができる。すなわち、ヤハウェはダビデに「大いなる名」を与え（9節b）、すべての敵からの「安らぎ」を与える（11節aβ）というのである。ただし、10節と11節aαの部分だけは、この文脈に異質である。周囲の文脈では、あくまでヤハウェとダビデの個人的な関係が過去と将来に関して言われているのに、この部分だけはダビデが消え失せ、「わたしの民」である「イスラエル」全体が問題にされ、しかもヤハウェが「一つの場所を定め」て彼らを「そこに植え付ける」ので、民は「そこに住み着いて」、もはや恐れることなく暮らせるようになる（10節）、というのである（内容的に、アモス書への明らかな後代の加筆である、アモ九15を参照）。あたかも、イスラエルがまだ（あるいは、もはや？）カナンの地にいないかのようである。

　しかし、突然、11節bαに神託定式（「ヤハウェはあなたに告げる」）が入って再び話題が大転換し、第三の部分（11節b―16節）に入る。そこではまず、ヤハウェがダビデ（「あなた」）のために「家（バイト）」を造る（アーサー）」という（11節bβ）。ここで言う「家」とは、もはや神殿（5―7節）でも王宮（1―2節）でもなく、明らかに王朝、王家のことである。この意味での「家」については、最後の16節でも語られており、いわばこのキーワードが第三の部分のインクルジオ（囲い込みの枠）をなしている。しかも16節では、「あなたの家（バイト）、あなたの王国（マムラリテカー）はあなたの前にとこしえに（アド・オーラーム）続き、あなたの王座（キッセー）はとこしえに（アド・オーラーム）堅く立つ」とされていて、この王朝の永遠の存続が保証される。前述のように、ナタン預言がダビデの末裔からのメシア出現への期待の源泉とされるのが、まさにこの点によることは言うまでもない。

ただし、このインクルジオに挟まる部分では、それとはかなり異なるニュアンスのことが語られている。すなわち、ダビデの死後、ヤハウェは彼の「子孫（ゼラア、文字通りには「種」）」を立て、「彼」の「王権」を確立するという（12節）。この子孫については、「あなたの身から」（創一五4参照）と特記されていて、実子、すなわち直接の次の世代の子供のことが、しかも単数で言われているように読める。しかも、その直後には、「彼がわたしの名のために家を建てる」（13節a）とされていて、それがエルサレム神殿の建設者ソロモンを念頭に置いたものであることは明白である。ソロモンの名が直接現れていないのは、文脈上当然である。この時点では、ソロモンはまだ生まれてさえいないからである（サム下一二24参照）。

しかも、続く部分では、ヤハウェ（「わたし」）が「彼」にとって「父（アブ）」となり、「彼」はヤハウェ（「わたし」）にとって「息子（ベン）」となる（14節a）、という。これは、ヤハウェと王の間に養父―養子関係を設定することによって、王を神に等しいものとする古代オリエント（特にエジプト）的な王権イデオロギーをぎりぎりの範囲内でヤハウェ信仰内に取り入れたものと見ることができよう（詩二7、八九27―28参照[6]）。ヤハウェと「彼」の緊密な関係は、たとえ「彼」が過ちを犯した場合でもなお維持される。ヤハウェは穏当な手段（「人間の杖、人の子らの鞭」）で「彼」を懲らしめはするが、（「サウル」の場合とは異なり）「彼」から「慈しみ（ヘセド）」を取り去ることは決してない（14―15節）、というのである。

このように、ナタン預言全体を見渡すと、三つの部分でそれぞれ異なる主題が扱われていることが分かる。第一の部分では、ダビデの計画した神殿建設へのヤハウェの拒否が問題になっており、「家（バイト）」は端的に「神殿」を意味している。第二の部分は、神殿のテーマとは関係を持たず、（10―11節aαの部分を除き）ヤハウェとダビデの間の過去から将来にわたる個人的な加護と導きの関係が述べられている。第三の部分では、二つの異なる主題が扱われている。インクルジオ（11節b、16節）の部分では、ダビデ王朝へのヤハウェの永遠の（アド・オーラーム）の加護が扱われており、そこでは「家（バイト）」の語が「王朝」を意味する。これに対し、中間部分（12―15節）では、ダビデの死後に後継者となるソロモンとヤハウェの緊密な関係が描かれ、「家」の語（13節a）はやはり「神殿」を意味している。「子孫」を意味する「ゼラア」も多義的である。この語は、単数の直接の子供（創四25、二一13）の意味と、代々の子孫一般を指す集合名詞的な意味（創三15、一二7）の双方を有し得る。しかし、12―15節では、具体的にソロモン個人を指すと読める。それが、ダビデ王朝への永遠の加護を主張するインクルジオ（そこには「ゼラア」の語は現れない）に挟まれることによって、それがあたかもダビデの子々孫々全体を意味するかのような印象を引き起こす、という効果が生まれているのである。

最後に、ダビデの祈り（18―29節）についても見ておこう。ここで、ダビデはへりくだった表現でヤハウェの約束が身に余る光栄であることを感謝しつつも、その約束の確実な実現を切に願う。そこでは、「家」の語が七度も用いられているが（18―19、25―27、29節）、いずれも明らかに「王朝」の意味であり、27節には11節bの言葉がほぼ逐語的に引用されている。25―26、29節には「とこしえに」（アド・オーラーム／レオーラーム）の語も繰り返される。したがって、この祈りが基本的にナタン預言の第三の部分のインクルジオ（11節b、16節）の内容に対応していることは疑いない。ただし、この文脈の流れを乱しているのが、22―24節である。22節には歴史書にはあまり見られず、第二イザヤや中命記の最後期の層にのみ見られる唯一神教的神観が現れるし[7]、23―24節では突如としてダビデもダビデの「家」も姿を消し、ヤハウェ（「あなた」）の「民」である「イスラエル」への救いの歴史が語られる。言わば、ナタン預言の第二の部分（10―11節aα）に見られるのと似た主題の関心の転換が観察される。

三

これまで見てきたような、サムエル記下七章における、相互に緊張関係にある異なる観念の併存や、主題の目まぐるしい転換、用語の多義的な使用等は、全体が一人の著者による一枚岩の記述ではなく、時代も状況も思想も異にする何人もの人々の関心がそこに集約されていることを示唆する。事実、これまでこのテキストについては、いくつかの層に分かれた段階的形成経過を再構成する編集史的研究が数多く試みられてきた[8]。ただし、今回与えられた紙幅は極めて限られたものであるので、ここでそれらの先行研究の内容を個別に検討したり、研究史を概観したりすることは不可能である[9]。そこで、ここでは、それらの先行研究を踏まえながらも、主としてこれまで行ってきた現にあるテキストの状況への観察をもとに、ナタン預言のテキストの成立について改めて考えてみたい。

その際に、考察は歴史と文献学の双方の観点から行われる。二十世紀末には、サムエル記や列王記の記述の歴史性をまったく認めず、ダビデやソロモンの歴史的実在や統一王国の存在そのものを疑い、すべてはペルシア時代かヘレニズム時代のユダヤ教徒のフィクションだとする、いわゆる「ミニマリスト」が声高な否定的主張を繰り返して学界に混乱を引き起こしたが、[10]「ダビデの家」に言及するいわゆる「ダン碑文」[11]の真正性が認められるとともに、この議論も落ち着きを見せてきたようである。ここでは、ダビデとソロモンがイスラエルの王として実在したこと、ダビデが首都エルサレムに神の箱を搬入させたことと、この箱のためにソロモンが神殿を建設したことを歴史的事実として前提とする。

さて、1―2節では、ダビデが「杉材」の王宮に住んでいること（サム下五11参照）と、神の箱が「天幕の中」に置かれていること（サム下六17参照）が前提とされているが、このことは、周知の歴史的事態を一般的に踏まえたものであり、神殿建設をめぐる議論が始まる状況設定として極めて自明的であるので、この部分が先行するテキスト（「神の箱の物語」や「ダビデ台頭史」）の直接的な続きであることを必ずしも意味しない。むしろナタン預言は、差し当たっては独立した伝承として形成されたと考えられる。

ダビデが神の箱をエルサレムに搬入するに当たっては、それまで異教徒の町であった新首都を伝統的なヤハウェ宗教の中に組み入れるという、政治的配慮があったと考えられる。[12]オリエント世界で神殿を建てることが王の大きな義務の一つであったことを考え合わせれば、ダビデ自身がすでに、神の箱のための神殿を建てようと計画したというのは、歴史的に十分考えられることである。

ダビデが結局それを行わず、ソロモンの時代に神殿が初めて建設されたことには、相当の事情があったと推測できる。5—7節では、その理由がヤハウェ自身の神託による却下ということなのであるが、内容的に見れば、そこでは「住む」(ヤーシャブ)と「歩き回る」(ミトハッレーク)、「家」(バイト)と「天幕」(オーヘル)が対比されている。すなわち、ヤハウェはこれまで(そしてこれからも)「家」には「住」まず、「天幕」にあって「歩き回る」のだ、というのである(6—7節)。ここには、神殿建設をめぐる議論の背景に、宗教文化的な見方の対立があったことがうかがえる。

それでは誰が神殿建設に反対したのか。文脈上は、ヤハウェ自身ということになっている。しかしながら、そのような神の声の背後には、自分たち自身も「家には住まず」、「天幕にあって歩き回る」人々、あるいは少なくともそのような理念を継承する人々の価値観が反映していたと考えられる。イスラエル人の祖先が「遊牧民」であったかどうかは、大いに議論のあるところであるが[13]、少なくとも旧約聖書の伝承自体は、族長たちを天幕に住む牧羊者として描いており(創一三5—9、四七3—4)、また、至るところでそのような観念や文化的伝統を表出している(詩一二三編!)。したがって、実際の反対者は、そのような牧畜的宗教の伝統を引く人々だったと考えられる。彼らは、王の神殿建設計画の中に、ヤハウェ宗教の伝統から逸脱するものを本能的に感じ取ったのではないか。実際に、後のソロモンの神殿は、フェニキア人の材料と技術によって建てられることになる(王上五20—26)。なお、ソロモン神殿以前に、シロに神の箱のための「神殿」(ヘーカール)と呼ばれるものがあったらしいが(サム上一9)、その形状や建造物としての性格については詳しいことがまったく分からない。いずれにせよ、それはスケールの点で後のエルサレム神殿と比較できるようなものではなかったであろう。

ナタンが個人的意見としては王の計画に賛成しながら（3節）、その後、神殿建設に批判的な「神の声」を王に伝えたというのが史実を反映するとすれば、彼は途中で態度を変えたことになる。おそらく、ナタン個人としては差し当たって賛成してみたものの、王の計画が明らかになるや、民衆の一部の伝統的サークルから、神殿建築に反対する声が挙がったのであろう。「賢明な政治家」でもあった宮廷預言者ナタンは、その「空気を読んで」、ダビデに神殿建設を思い止まるよう進言したと考えられる。ナタン預言は、かなりの時間をかけて進行した事態を、一夜の出来事に圧縮しているのである。その結果、ダビデも民衆の反対論を押し切ってまで神殿建設を強行するまでには至らなかったのであろう。元来の17節の報告に続く部分では、ダビデが「神の声」を受け入れて、神殿建設を断念したことが語られていたものと思われる。

四

その後、ソロモンの治世には王自身のイニシアチブで神殿建設計画が再び持ち上がった。ダビデの時代とは異なり、今回はさしたる反対もなく、計画はすんなりと実現した。四十年もたてば、すでに時代が変わっていた、と言うしかない。古い「遊牧的」伝統を身につけた人々はすでに退場しており、王も国民も皆「新人類」になっていて、「王の建てる神の家」という古代オリエント的観念にさしたる抵抗を感じなくなっていたのであろう。

研究者の中には、5―7節の神殿批判的な言説を極めて遅い時期の付加と見て、場合によってはそれを捕囚後の第二神殿再建（前五二〇―五一五年頃）をめぐる論争（ハガ一2―14等）と関係づける見方がある。その際にはしばしば、列王記上八章27節（「神は果たして地上にお住まいになるでしょうか。天も、天の天もあなたをお納めすることができません」）や、イザヤ書六六章1節（「天はわたしの王座、地はわが足台。あなたたちはどこに、わたしのために神殿を建てうるか」）といった、神の超越性や遍在という観点から神殿の意義を否定したり、制限したりする後期の思想が引き合いに出される[14]。

しかしこのような議論では、5―7節においては「わたしが住むための」（レシブティー）家という素朴な表象が問題になっている[15]ことが看過されているように思われる。そこでは、神が超越的であり、もしくは天地を満たすほど大いなるものだから、家には住まない、ということが言われているのではない。そこで「家に住む」神と対比されている神は、天上にある超越的な神ではなく、「天幕にあって民と歩き回る」神である。同じ神殿に対する批判的言説でも、その論拠と発想は、後期のものとはおよそ異なっている。

第二に、現在あるナタン預言のテキスト全体では、このような、ヤハウェが「家」に住むか住まないかという議論は、後の13節aでいわば止揚される。そこでは、ダビデの「子孫」が「わたし（＝ヤハウェ）の名のために（リシュミー）」家を建てる、とされているからである。この立場から見れば、ダビデが計画した「住むための」家はヤハウェにより却下されたが、ソロモンが建てるヤハウェの「名のための」家は受け入れられる、ということになる。ここに、神の超越性を顧慮して、神殿は神が擬人的に「住む」家ではなく、単にヤハウェの「名を置く場所」だとする、申命記的（申一二11）、申命記主義的（王上八27—29）な「名の神学」が反映されていることは明らかである[16]。5—7節の素朴な「住む」家の表象が、いわば13節aで神学的に是正されているわけである。是正されるものは、是正するものより時間的に先行するはずである。したがって、5—7節に表明された神殿建設に批判的な見方は、少なくとも申命記以前の時代のものであると考えられねばならない[17]。しかも、後に見るように、13節aの「わたしの名のための」は元来のものではなく、申命記主義的編集者による二次的付加である可能性が高い。

第三に、ナタン預言はこのように、前方の神殿否定論（5—7節）が後方の神殿容認論（11b—16節）によって是正ないし論理的に逆転される構造になっている。極めて後期の神殿否定論者たちが、自分たちの主張を、既存の文脈によってわざわざ是正ないし論理的に逆転されることになる位置に後から挿入する、などということはおよそ想像しがたい。それゆえ、5—7節には、古い時代の神殿否定論が反映していると思われる。そしてそれは、ダビデが神殿建設を計画しながら、結局それを実行しなかった（実は、できなかった？）という歴史経過とよく符合するのである[18]。

五

ダビデの死後、その跡を継いだソロモンは、エルサレム神殿を建設した。もし、4―7節がダビデ時代の神殿建設計画に伴う実際の反対運動を反映しているとすれば、それによって大きな神学的問題が生ずる。ソロモンは、ダビデがヤハウェに禁じられたものを建ててしまったことになるからである。ソロモンの神殿建設を正当化するために書かれたのが、ナタン預言の第三の部分（11b―16節）であると思われる。

ただし、先に見たように、この部分には、二つの異なる関心、主題が嚙み合わされている。すなわち、ダビデの跡を継ぐ一人の子供（ゼラア）への関心（12―15節）と、ダビデの子孫（ゼラア）全体におよぶ「永遠の」王朝（＝「家」）の約束（11節b、16節）の二つである。そのうちどちらが、歴史的に先行するのであろうか。ロスト（一九二六年）からマッカーター（一九八四年）、さらには最近のピーチュ（二〇〇三年）やレーマー（二〇〇五年）にまで至る多くの研究者たちは、11節b（＋16節？）を含む永遠の王朝の約束こそナタン預言の最古の部分であり、12―13節や14―15節でも、「子孫」（ゼラア）ないし「彼」の語によって、集合名詞的にダビデ王朝全体のことが考えられていた、と見る。ところが、後に申命記史家が13節aを挿入して神殿建設のテーマを取り入れることにより、この約束を歴史化し、同時に本来ダビデ王朝全体に関する約束であったものを、ソロモンに個人化した、と考えるのである。[19]

しかし、ヴェイヨラやメッティンガー等も言うように、逆に最初は個人に関わるものとされていた伝承が、後に（すなわちその個人よりも後の時代になってから）王朝全体に関わるものと拡大解釈された、とする方が伝承の発展という点から見てより自然であるように思われる。[20] その個人とは、もちろん、ダビデの王位継承者にして神殿建設者であるソロモンということになる。「あなた（＝ダビデ）の日々が満ち、あなたが先祖と共に眠るとき、わたしはあなたの身から出る子孫にあなたの跡を継がせ、その王国を堅く立てる。彼がわたしの（名の）ために家を建てる」（12―13節a）。これにより、本来4―7節の伝承では原理的、絶対的に考えられていた神殿建設禁止とその存在意義の否定が修正され、その禁止は暫定的、一時的なものに再解釈された。すなわち、神の摂理によれば、神殿を建設すべき者はダビデではなく（5節bの「あなた（アッター）が……家を建てようというのか」）、ソロモンだ（13節aの「彼（フー）が……家を建てる」）ということになったのである。

後の歴代誌はこの点をより明確にするために、5節の文言を「わたしのために家を建てるのはあなたではない（ロー・アッター）」（代上一七4）に書き替えている。また、申命記史家は、ダビデが神殿建設を計画したにもかかわらず実際にはそれを実行できず、ソロモンが初めてそれを実現したことについて、さまざまなそれらしい説明を加えている。「父ダビデは、ヤハウェが周囲の敵を彼の足の下に置かれるまで戦いに明け暮れ、彼の神ヤハウェの御名のために神殿を建てることができませんでした」（王上五17）。「あなたはわたしの名のために家を建てようと心掛けてきた。その心掛けは立派である。しかし、神殿を建てるのはあなたではなく、あなたの腰から出る息子がわたしの名のために神殿を建てる」（王上八18―19）。

しかし、現にあるサムエル記下七章のナタン預言では、そのように明快になってはおらず、すべてがより曖昧であることが重要である。それは、そのような後代の再解釈が可能になる以前における、既存の伝承（それは、それほど昔でない時期に一度語られた「預言」である！）を生かしつつ、実情に合わせようとする苦しい努力なのである。

先に述べたように、13節aの「わたしの名のために（リシュミー）」は、明らかに申命記的、ないし申命記主義的な「名の神学」の反映であり、したがって早くとも王国時代末期のものであって、ソロモン時代のものではあり得ない[21]。おそらくこの一語（ただしこの部分ではこの一語だけ）は申命記史家の加筆であり、ソロモン時代には、前述のように、素朴な「住む家」と超越的な神の「名のための家」の神学的区別はまだ問題になっていなかったと考えられる（王上八13参照）。逆に言えば、申命記史家は、「わたしの名のために（リシュミー）」の一語を加えることによって、神殿建設者はダビデではなくソロモンとする従来の「人」をめぐる摂理論に加えて、前述のように、「住む家」ではなく「名のための家」という新たな論点を導入し、前半の神殿否定論と後半の神殿容認論の間の論理的緊張をさらに和らげようとしたのであろう。

なお、歴代誌では奇妙なことに、この部分が「名のために」ではなく、5節と同様「わたしのために（リー）」になっている。ことによると、ここでは例外的に、歴代誌の方に元来の文言が保たれているのかもしれない[22]。もしそうであれば、申命記史家は、「わたしのために（リー）」を「わたしの名のために（リシュミー）」に書き替えたことになろう。

ソロモン時代に戻るが、ナタン預言における神によるソロモンの神殿建設の正当化は、同時に彼の王位継承の正当化にもなったはずである。というのも、「あなた（＝ダビデ）の身から出る子孫」とは、決してソロモンだけではなかったからである。それどころか、ダビデの腹違いの息子たちが、ダビデの王位継承をめぐって骨肉の争いを演じたことは周知の通りである。具体的には、ソロモンは腹違いの兄アドニヤとの苛烈な権力闘争と、反対派の粛清の結果、ようやく王位を確立する（王上一―二章）。ところが、ナタン預言では、すでにソロモンが生まれる前に、この「神殿を建てる者」がダビデの「跡を継ぐ」と神が宣言したことになるのである。これ以上に強力な、ソロモンの王位継承の正当化はおよそ考えられないほどである。

預言をこのように「親ソロモン的」に「改造」したのが、かつてダビデに神殿建設の中止を進言したナタン自身であったというのも、十分、歴史的にあり得ることであるように思われる。ナタンはソロモンの誕生以来の後見役であり（サム下一二25）、王位継承争いの際には、ソロモンが王位を継ぐように背後で画策した、ソロモン派の頭目に他ならなかったからである（王上一8、22―37、38）。

ちなみに、ソロモンの王位継承の正当化は、まだ「ダビデ王朝」の問題とは直接関わらない。というのも、ダビデの跡目を争ったのはいずれもダビデの腹違いの息子たちであり、誰が王位に就いても、「ダビデ王朝」は存続したはずだからである。したがって、もともとソロモン個人が関心の中心であった第三の部分に、「永遠」の「家」（＝王朝）の観念（11節b、16節）を導入し、これを「王朝神学」的に拡張した編集は、当然、ソロモンより後のものであるということになろう。それは、この王朝の存続が危ぶまれるようになった分裂王国時代のものと考えられる。[23] ソロモンの死後のいわゆる王国分裂は、北王国を構成することになる諸部族の、まさに「ダビデの家」に対する反乱であった。「このように、イスラエルはダビデの家に背き、今日に至っている」（王上一二19）。

ただし、この「永遠の王朝」の観念を、捕囚時代の申命記史家が初めて付け加えたとする、ヴェイヨラのような見方[24]は、受け入れられない。現実にダビデ王朝が存続しないようになった時代に、初めてダビデ王朝の永遠性の観念が生まれたとは思えないからである。むしろ、そのような王朝神学は、ダビデ王朝が存続している時代に、その正当性の擁護と基盤補強のためのイデオロギーとして生まれたとする方がずっと理解しやすい。[25] クロス学派のように、最初の申命記史家を王国時代末期のヨシヤ時代に置けば、[26] この点の問題は差し当たっては解消するが、イザヤのダビデ王朝についての思想（イザ九6、一一1）等とも考え合わせると、王朝神学の成立はもっと以前にまで遡ると見ることができよう。[27]

11節bと16節以外に、この「王朝神学的編集」による付加があるだろうか。ソロモン個人に関わる13節の最後に、「永遠に（アド・オーラーム）」の語があるが、これが（個人の）「生涯にわたって、終生」の意味[28]でない限り、これもこの編集の付加である可能性がある。また、14節bのダビデ王朝の王の「過ち」と「人間の杖」による懲らしめへの言及は、王の個人的な過誤によっても王朝の存続自体は損なわれないと主張するものであり、15節bのサウルへの言及は、永続的な王朝を樹立できなかった者としてサウルの例を挙げるものなので、やはりこの編集層に帰することができよう。

六

前後するが、第一の部分と第三の部分に挟まれた第二の部分（8―11節a）には、「家」の語は現れず、神殿の問題も王朝の問題も扱われない。むしろこの部分では、ナタン預言の前後にある、ほぼ現にある形でのダビデの物語が踏まえられ、ナタン預言がそれらと（二次的に）関連づけられているように見える。すなわち、ヤハウェがダビデを「牧場の家畜の群れの後ろから取った」（8節aβ）という表現は、明らかに、サムエル記上一六章11―13節のサムエルによるダビデの油注ぎの物語（特に同11節）を踏まえているし、ヤハウェがダビデをイスラエルの「指導者（ナーギード）」にした（8節b）という表現は、サムエル記上二五章30節やサムエル記下五章2節、六章21節を想起させる。ヤハウェがダビデと「共にいた」（9節aα）というのは、いわゆる「ダビデ台頭史」のライトモチーフであるし（サム上一六18、一七37、一八14、28等）、ヤハウェがダビデの「敵たちをことごとく絶った」（9節aβ）というのは、「台頭史」全体の内容に関わり、特にサムエル記上二〇章15節を踏まえたものと思われる。将来の記述に移って、ヤハウェがダビデに「大いなる名」（9節b）を与えるというのは、サムエル記下八章以下に述べられた周辺国家へのダビデの一連の勝利を踏まえ、具体的には特にサムエル記下八章13節を念頭に置いたものであろう。

この第二の部分（8―11節a）は、サムエル記全体の現在の形態を決定した申命記史家の手による編集作業と見なしてよいであろう。これにより、ナタン預言はサムエル記の文脈中により有機的に組み入れられることになった。逆に言えば、申命記史家は、すでに彼以前の伝承（11ｂ—16節）で語られていたソロモンによる神殿建設とヤハウェによる「永遠の王朝」の約束を、ダビデの選びに始まるヤハウェの一連の加護と導きの歴史の頂点をなすものと位置づけたのである。なお、13節ａの「わたしの名のために」がやはりこの編集層によることは、前述の通りである。

ただし、本稿の第二節で見たように、10—11節aαではダビデへの関心が突如姿を消し、ヤハウェの民としてのイスラエル全体の運命に関心が移っているので、この部分は周囲の文脈に対して異質である。そこではおそらく、ダビデ王朝の滅亡とバビロン捕囚が踏まえられており、後期の申命記史家による付加と考えられる（いわゆるDtrSないしDtr^{2}）。

ダビデの祈り（18—29節）に目を移すと、やはり先に見たように、18—21、25—29節では、一貫して「王朝」の意味でのダビデの「家」の永遠の存続が問題になっており、ナタン預言における「王朝神学的編集」と同じレベルにあると考えられるのに対し、22—24節だけはダビデにもその家にも触れられず、イスラエルの民全体の運命が問題にされているので、10—11節aα同様、捕囚期の（後期）申命記史家の付加であると見ることができよう。

これらの主要な「編集層」以外に、テキストへの個別的な二次的付加と思われる箇所はないであろうか。まず目につくのが、1節ｂの「ヤハウェが彼に、周囲の敵からの安らぎを与えた」という記述が、「王」を主語とする1節ａと2節の文脈を中断していることである。

これは、明らかに、申命記一二章10節等でヤハウェが「名を置くため」の聖所に関連して、その前提として「敵からの安らぎ」が語られていることを踏まえたもので、その意味で「申命記主義的」ではあるが、11節aβで「安らぎ」が将来初めて実現する約束として語られていることや、実際に、八章以下でもさまざまな敵とのダビデの戦いの記述が続くこと、そして申命記史書そのものので、そのような（神殿建設の前提としての）「安らぎ」はソロモン時代になって初めて実現したとされていること（王上五18）と相容れない。したがって、それは申命記史家自身の記述というより、以下の部分で神殿建設の議論が始まることを顧慮して二次的に加えられた、（文脈にとっては必ずしも適切でない）個別的付加であろう。

これ以外に、「預言」の部分でいくつかの二重表現が目立っている。5節aと8節aのナタンへのヤハウェの指示では、「わが僕に、すなわちダビデに告げよ」となっているが、「僕（エベド）」は申命記史書でダビデの称号として愛好される表現（サム下三18、王上一一13、32―38等）なので、申命記史家による加筆の可能性がある。ただし、その本質的部分が申命記史家以前（前述）だと思われるダビデの祈りでも、「僕」の語はダビデの謙遜的自称として何度も出ており（19―21、25―29節に十回!）、これについては確言できない。

6節bでは、かつてヤハウェは「天幕（オーヘル）」にあり、また宿り場（ミシュカーン）にあって」イスラエルと共に歩んだとされているが、後者の「ミシュカーン」は五書の祭司文書における「会見の幕屋」の別称（出三九32、レビ一五31、二六11等）なので、この一語は祭司的加筆であろう。また、預言の枠の部分の17節では、ナタンはダビデに、「これらのすべての言葉通りに（ケホル・ハッデバーリーム・ハーエッレー）、またこの幻のすべての通りに（ウーヘホル・ハヒッザーヨーン・ハッゼー）」告げた、とされているが、「幻（ヒッザーヨーン）」は遅いテキストにしか出てこないかなり特殊な語で（ヨブ四13、七14、ヨエ三1、ゼカ一三4等）、しかも先行する部分には、「ヤハウェの言葉」がナタンに臨んだとはされているが（4節）、ナタンが「幻」を見たことについては何も語られていないので、これも、個別的な付加と見なすことができるであろう。

七

以上の考察をまとめれば、「ナタン預言」を含むサムエル記下の七章のテキストは、細かい単語レベルの付加は除き、主として以下の五段階の形成過程を経つつ成立したと考えられる。

①1a、2—7、17節（ダビデによる神殿建設計画とその挫折）ダビデ時代

王は彼の家に住むようになった。王は預言者ナタンに言った。「見なさい。わたしは杉材の家に住んでいるが、神の箱は天幕の中に置かれたままだ」。ナタンは王に言った。「あなたの心にあることは何でも実行なさるとよいでしょう。ヤハウェがあなたと共におられるのですから」。しかし、その夜、ヤハウェの言葉がナタンに臨んで、こう言った。「行って（わが僕）ダビデにこう言いなさい。ヤハウェはこう言われる。あなたがわたしのために、住むための家を建てようというのか。わたしはイスラエルの子らをエジプトから導き上った日から今日に至るまで、家には住まず、天幕の中にあって歩き回ってきた。わたしはすべてのイスラエルの子らと共に歩き回ってきたが、その

間どこかで、わたしの民イスラエルを牧するように命じた部族（／士師？）の一つにでも、わたしが告げて言ったことがあろうか。なぜ、あなたたちはわたしのために家を建てようとしないのか、などと」。ナタンは、それらの言葉をすべてその通りに、ダビデに語った。

②11bα、12―14a、[29] 15節a（ソロモンの王位継承と神殿建設）ソロモン時代

「ヤハウェはあなたに告げる。あなたの日々が満ち、あなたが先祖と共に眠るとき、わたしはあなたの身から出る子孫にあなたの跡を継がせ、彼の王権を堅く立てる。彼がわたしのために家を建てる。わたしは、彼の王国の王座を（終世？）ゆるぎないものとする。わたしは彼にとって父となり、彼はわたしにとって息子となる。わたしは彼から、わたしの慈しみを決して取り去りはしない」。

③11bβ、（13bβ？、）[30] 14b、15b、16、18―21、25―29節（永遠の王朝）分裂王国時代

「ヤハウェがあなたのために家を造る。……彼が過ちを犯すときは、わたしは人間の杖、人の子らの鞭をもって彼を懲らしめる。……しかし、あなたの前から退けたサウルからわたしが（慈しみを）取り去ったようなことはしない。……あなたの家、あなたの王国はあなたの前にとこしえに続き、あなたの王座はとこしえに堅く立つ……」。（ダビデの祈りの部分は省略）

④8―9、11aβ、13節aα[31]（ダビデへの過去と将来の加護と導き）初期申命記史家

「今、あなたはわが僕ダビデにこう言いなさい。万軍のヤハウェはこう言われる。わたしは牧場の家畜の群れの後ろからあなたを取り、わが民イスラエルの指導者とした。あなたがどこに行こうとも、わたしはあなたと共にいて、あなたの行く手からあなたの敵たちをことごとく絶った。わたしは、地上の大いなる者たちの名に等しい大いなる名をあなたに与えよう。わたしは、あなたをすべての敵から解放して、安らぎを与えよう。……（わたしの）名（のために）……」。

⑤10―11aα、22―24節（ヤハウェの民イスラエルの運命）後期申命記史家

「わが民イスラエルには、わたしが一つの場所を定め、それを植え付けるので、それはそこに住み着くことになる。それはもはや、煩わされることはなく、最初のころのように、悪人たちがそれを苦しめることもない。つまり、わたしがわが民イスラエルの上に士師を任命したころ（のようなことにはならない）」。（ダビデの祈りの部分は省略）

注

（1）本稿は、以前、筆者の「サムエル記注解」、『新共同訳聖書注解I』、日本基督教団出版局、一九九六年、五五二―五五四頁に素描した見解を、修正しつつ発展させたものである。
聖書からの引用は『新共同訳 聖書』を基盤とし、場合によってそれに筆者が手を加えたものである。聖書文書の略号も新共同訳の目次の方式に従う。また聖書の箇所は、章は漢数字で、節は算用数字で表す。

（2）G・フォン・ラート『旧約聖書神学I』、荒井章三訳、日本基督教団出版局、一九八〇年、四二〇頁。なお、J. Becker, *Messiaserwartung im Alten Testament* (SBS 83), Stuttgart 1977, pp. 20–26をも参照。

（3）W. Dietrich/T. Naumann, *Die Samuelbücher* (EdF 287), Darmstadt 1995, p. 143.

（4）ナタン預言の影響史、受容史については、特に以下を参照。W. A. Schniedewind, *Society and the Promise to David: The Reception History of 2 Samuel 7:1-17*, New York 1999; M. Pietsch, *»Dieser ist der Sproß Davids...«. Studien zur Religionsgeschichte der Nathanverheißung im alttestamentlichen, zwischentestamentlichen und neutestamentlichen Schrifttum* (WMANT 100), Neukirchen-Vluyn 2003.

（5）代上一七6は「部族」（シブテー）ではなく「士師たち」（ショーフテー）と読む。この箇所の読みについてはさまざまな議論があるが、この問題は本稿の趣旨には差し当たってたいした関係がない。P. K. McCarter, Jr., *II Samuel* (AncB 9), New York 1984, p. 192; G. Hentschel, Gott, König und Tempel, *EThS* 22 (1992), pp. 12–15を参照。

（6）これについては、W・H・シュミット『歴史における旧約聖書の信仰』、山我哲雄訳、新地書房、一九八五年、三八一―三九三頁等を参照。

（7）イザ四三10―13、四四6―8、四五5―7、申四35、39、三二39。さらに王上八22、60。なお、これについて最近では、M. Smith, *The Origin of Biblical Monotheism: Israel's Polytheistic Background and the Ugaritic Texts*, New York/Oxford 2001; N. MacDonald, *Deuteronomy and the Meaning of "Monotheism"* (FAT II/1), Tübingen 2003; S. Petry, *Die Entgrenzung JHWHs. Monolatrie, Bilderverbot und Monotheismus im Deuteronomium, in Deuterojesaja und im Ezechielbuch* (FAT II/27), Tübingen 2007 等を参照。また、山我哲雄「旧約聖書の宗教はいかなる意味で一神教であったのか」、大貫隆他編『一神教とは何か――公共哲学からの問い』、東京大学出版会、二〇〇六年、三二―八九頁をも参照。

（8）代表的なものとして、以下を参照。L. Rost, *Die Überlieferung von der Thronnachfolge Davids* (BWANT

42）, Stuttgart 1926 = Ders., *Das kleine Credo und andere Studien zum Alten Testament*, Heidelberg 1965, pp. 159–183; T. Veijola, *Die ewige Dynastie. David und die Entstehung seiner Dynastie nach der deuteronomistischen Darstellung*（STAT.AASF 193）, Helsiniki 1975, pp. 68–80; McCarter, Jr., *II Samuel*〔注５〕pp. 220–321; T. N. D. Mettinger, *King and Messiah: The Civil and Sacral Legitimation of the Israelite Kings*（CB.OT 8）, Lund 1976, pp. 48–63; W. Dietrich, *David, Saul und die Propheten. Das Verhältnis von Religion und Politik nach den prophetischen Überlieferungen von frühesten Königtum in Israel*（BWANT 122）, Stuttgart 1992[2]; B. Renaud, La Prophétie de Natan: Théologies en conflit, *RB* 101（1994）, pp. 5–61; Hentschel, Gott〔注５〕pp. 58–92; J. Nentel, *Trägerschaft und Intentionen des deuteronomistischen Geschichtswerks. Untersuchungen zu den Reflexionsreden Jos 1; 23; 24; 1Sam 12 und 1Kön 8*（BZAW 297）, Berlin/New York 2000, pp. 201–205; Pietsch, *»der Sproß Davids...«*〔注４〕pp. 15–53.

（９）基本的な研究史概観としては、McCarter. Jr., *II Samuel*〔注５〕pp. 209–220; Dietrich/Naumann, *Samuelbücher*〔注３〕pp. 143–156 等を参照。

（10）これについては、山我哲雄「古代イスラエル史研究の最近の争点から」、『聖書学論集36』、二〇〇四年、一八一―二四頁参照。なお、多少のニュアンスの差もあるが、I. Finkelstein/N. A. Silberman, *David and Solomon*, New York 2006 をも参照。

（11）これについても、山我「古代イスラエル史研究」〔注10〕二四―二九頁。なお、G. Athas, *The Dan Inscription: A New Reappraisal and a New Interpretation*, London/New York 2006 をも参照。

（12）山我哲雄『聖書時代史　旧約篇』、岩波現代文庫、二〇〇三年、八二―八三頁。

（13）最近の賛否の立場を代表する例として、少なくとも次の二つを参照。I. Finkelsetin/N. Na'aman（eds）, *From Nomadism to Monarchy*, Jerusalem 1994; W. G. Dever, *Who were the Early Israelites and Where Did They Come From?*, Grand Rapids/Cambridge 2003.

(14) 例えば、Deitrich, *David*〔注８〕pp. 135–136（DtrN）; Hentschel, Gott〔注５〕pp. 89–91; Pietsch, *»der Sproß Davids...«*〔注４〕pp. 49–50. さらに、F. Stolz, *Das erste und zweite Buch Samuel*（ZBK AT 9）, Zürich 1981, pp. 222–223をも参照。

(15) この点を強調するのは、A. Weiser, Die Tempelbaukrise unter David, *ZAW* 77（1965）, pp. 473–481. および最近では、Schniedewind, *Soceity*〔注４〕pp. 33–38.

(16) これについては、古典的なものとして、G. von Rad, *Deuteronomium-Studien*（FRANT 58）, Göttingen 1947, pp. 25–30 = Ders., *Gesammelte Studien zum Alten Testament* II（ThB 48）, München 1973, pp. 127–132; 最近のものでは、S. L. Richter, *The Deuteronomistic History and the Name Theology*（BZAW 318）, Berlin/New York 2002を参照。

(17) Schniedewind, *Society*〔注４〕pp. 35–39; Nentel, *Trägerschaft*〔注８〕p. 203参照。ヴェイヨラ（Veijola, *Dynastie*〔注８〕pp. 75–76）は、１a、２—５、７節に（申命記史家以前の）「神託」があることを認め、それを「預言者的拒否権」（das prophetische Veto）と呼んでいるが、その起源や歴史的背景に立ち入ることを全く放棄している。

(18) マッカーター（McCarter, Jr., *II Samuel*〔注５〕pp. 224–225）は、１a、２—３、11b—12、13b—15節aに基層を認め、そこではダビデが神殿（「家」）の建設を思い立っただけで（結局は建設を実現しないのに！）王朝（「家」）の約束という報賞を受けた、と想定する。これはあまりにも不自然である。

(19) Rost, Credo〔注８〕pp. 167–169, 177; McCarter, Jr., *II Samuel*〔注５〕pp. 205–206, 230; Pietsch, *»der Sproß Davids...«*〔注４〕pp. 23–24, 51; T・レーマー『申命記史書——旧約聖書の歴史書の成立』、山我哲雄訳、日本基督教団出版局、二〇〇八年、二〇三—二〇四頁。

(20) Veijola, *Dynastie*〔注８〕p. 70; Mettinger, *King*〔注８〕pp. 48,53–54.

（21）注16を参照。

（22）Hentschel, Gott〔注5〕pp. 18–19; Schniedewind, *Society*〔注4〕p. 33.

（23）この点で、すでにダビデ、ソロモン時代に「王朝神学」が成立した可能性を考えた以前の拙論（山我『時代史』〔注12〕八三頁）を多少修正しておきたい。山我「サムエル記注解」〔注1〕五五四頁をも参照。

（24）Veijola, *Dynastie*〔注8〕pp. 74–79. なお、Dietrich, *David*〔注8〕pp. 116–118; Nentel, *Trägerschaft*〔注8〕pp. 202, 205 等をも参照。

（25）これについては、Mettinger, *King*〔注8〕pp. 52–57; Schniedewind, *Society*〔注4〕pp. 46–47; レーマー『申命記史書』〔注19〕一四四、二〇三―二〇四頁等を参照。

（26）F・M・クロス『カナン神話とヘブライ叙事詩』、輿石勇訳、日本基督教団出版局、一九九七年、三二八―三四五頁参照。なお、レーマー『申命記史書』〔注19〕一〇七―一五五頁、Pietsch, *»der Sproß Davids...«*〔注4〕pp. 43, 51 をも参照。

（27）そもそも、ユダ王国でも王の暗殺や戦死、アタルヤによる王位簒奪の試み等があったにもかかわらず、四百年以上にわたってダビデ王朝が存続したという事実は、そのイデオロギー的基盤として強力なダビデ王朝神学が存在したことを物語っている。これについては、山我『時代史』〔注12〕八三、一〇七―一〇八頁。山我哲雄「イスラエル王国時代史の諸問題」、木田献一／荒井献監修『現代聖書講座 第1巻 聖書の風土・歴史・社会』、日本基督教団出版局、一九九六年、七三―七九頁を参照。

（28）この語のこのような用例も存在する。出二一6、申一五17、サム上一22、二〇23等を参照。なお、*DCH* VI, p. 301（“for one’s lifetime”）をも参照。

（29）13節aは「リー」（「わたしのために」）？

(30)「アド・オーラーム」のみ？
(31)「リー」(「わたしのために」)を「リシュミー」(わたしの名のために)に書き換える？

申命記史家（たち）の王朝神学[1]

一　申命記史書とその成立

旧約聖書中の歴史書であるヨシュア記、士師記、サムエル記、列王記のあちこちに、用語的、思想的に申命記に酷似した文章が見られることは、すでに十九世紀後半以来の文献学的研究でも注目されてきた[2]。それらの文書が、文体的にも思想的にも申命記と密接な関連性を持つことは、例えば申命記六章4―5節（いわゆる「シェマの祈り」）とヨシュア記二三章14節や列王記下二三章3、25節の文言を比較してみれば一目瞭然である。しかし、両者の関係が単なる個別的な引用や間接的な影響によるものではなく、より本質的なものであることを示したのは、ドイツの旧約学者マルティン・ノートであった。ノートは一九四三年に発表された著作[3]で、これらの一連の歴史書が、さまざまな伝承素材を基盤にしながらも、申命記主義的な精神のもとで、統一的な構想と年代体系と歴史観によってまとめられた一続きの歴史叙述をなすことを論証し、その全体を「申命記史書

（deuteronomistisches Geschichtswerk）」（略号DtrG）と呼んだ。それは、申命記を神学的序文とし、イスラエルのカナン征服（ヨシュア記）から、周辺民族との戦い（士師記）や王国成立（サムエル記）、王国分裂を経て、イスラエル、ユダの南北両王国が滅亡するまで（列王記）を描く、統一的な神学的歴史書だったのである。

この申命記史書の最終的な成立時期が、その最後の部分（王下二四―二五章）でユダ王国の滅亡とバビロン捕囚の始まりが描かれることから、ユダ王国滅亡後の捕囚期であることは明白である。ノートは、申命記史書は捕囚時代（前六世紀中葉）の単独の歴史家（著者は申命記史家（Deuteronomist, 略号Dtr）と呼ばれる）の著作であり、その執筆意図は、エルサレム神殿の破壊、王国の滅亡、約束の地の喪失という破局的事態を、イスラエルの民の罪に対するヤハウェの正当な裁きとして意味づけることである、と見た。しかも申命記史書には、（例えば申三〇1―3、エレ二九10―14、エゼ三四23―31、三六22―36等に見られるような）王国の再建や捕囚からの帰還等の具体的な希望の示唆がほとんど見られないことから、ノートは、申命記史家の目的はもっぱら破局の意味の解明にあり、史家は民族の未来の運命について積極的な希望を抱いてはいない、と論じた。[4]

統一的な歴史叙述としての申命記史書についてのノートの基本的な見方は、二十世紀後半の旧約学界で国際的に広く受け入れられたが、その執筆意図についてのノートのあまりにも悲観的な解釈は、批判をも生んだ。[5] 例えばフォン・ラートは、サムエル記や列王記中にダビデ王朝の永続へのヤハウェの約束が繰り返される点（サム下七12―16、王上一一34―36、一五4、王下八19等）や、申命記史書の最後がダビデ王朝の生き残りであるヨヤキンの解放の場面で終わることを指摘して、申命記史家にはダビデ王朝再興を願う「メシア的」な希望があると唱えた。[6] これに対し、ハンス・ヴァルター・ヴォルフ[7]は、メシア的希望というよりも、破局の中にあってヤハウェへの「立ち帰り」を求める呼び掛け（王上八47等）にこそ、申命記史家の積極的な「宣教」（ケリュグマ）があると見た。

ノートは申命記史書の統一性を強調し、著者の申命記史家を単独個人と見たわけであるが、その後の研究では、申命記史家の歴史記述自体の中に見られる関心や思想の多様性により注意が向けられるようになった。ゲッティンゲン大学のルドルフ・スメントは、ヨシュア記と士師記の記述を詳しく検討し、もっぱら歴史記述そのものに関心を寄せる申命記史家（DtrH, H は Historiker の略）の記述とは区別される、同じく申命記主義的だが、特に律法主義的（nomistisch）な精神の編集者（DtrN）の手による部分を析出した。[8] その後、スメントの弟子のディートリヒは、列王記の預言者物語の研究を通じて、スメントの言う DtrH と DtrN の間に、預言者の活動や預言と成就の図式に関心を寄せる預言者的（prophetisch）な申命記史家（DtrP）が存在しているという仮説を提唱した。[9] これにより、本来の申命記史家（DtrH）の歴史記述に同様の申命記主義的な思想を持つ預言者的な編集者（DtrP）と律法主義的編集者（DtrN）が順次加筆して、現在ある複雑な性格の申命記史書の形が出来上がったという「三重編集説」が成立し、[10] それがやはりスメントの弟子であったヴェイヨラのサムエル記研究[11]や、この三重編集説を応用したヴュルトヴァイン（ウュルトワイン）やヘンチェルの列王記注解等[12]によって発展させられた。この立場は、申命記史書が複数の文書層に分かれると想定することから、「成層モデル（Schichtenmodell）」とも呼ばれる。ただし、成立年代に関しては、三つの層いずれについても捕囚時代（以降）が想定され、この点では申命記史書を本質的に捕囚時代の文学と見るノートの考え方の枠組みが受け継がれている。言わば、ノートの単独個人の申命記史家が、関心や思想を異にする三人の申命記史家たちに分けられたわけである。

これに反し、ハーバード大学のフランク・ムーア・クロス[13]は、列王記には北王国に関する「ヤロブアムの罪」と南王国に関する「ダビデ王朝永続の約束」の二つの主題が並存していることを指摘し、申命記史書の基本的部分はまだダビデ王朝が存続していた王国時代後期のヨシヤ王時代に、この王の宗教改革を支持する「プロパガンダ的」な文書として第一の申命記史家（Dtr^1）によって書かれたと想定し、それが後に、ヨシヤの死、王国滅亡、捕囚という一連の事態を受けて、捕囚時代の第二の申命記史家（Dtr^2）によってヨシヤの死後から王国滅亡までの記述を補完され、また、いくつかの箇所に捕囚を予告するような加筆を受けた、とする二重編集説を提唱した。クロスの仮説は、ネルソン、フリドーマン、ハルパーン、クノッパースといった主として英語圏の研究者[14]により継承、発展させられたが、この見方は、まずヨシヤ時代までの歴史記述のブロックが王国時代末期に成立し、その後、ヨシヤの死から王国滅亡までのブロックが追加されたと見るので、「ブロック・モデル（Blockmodell）」とも呼ばれる。

スメント流の見方はヨーロッパで支持者が多く、クロス流の見方は英語圏やイスラエル（コーガン、フィンケルシュタイン、ナアマン[15]）で広く受け入れられているが、両派の対立は、学界ではややふざけて「聖戦」等とも呼ばれ、四十年以上にわたってほぼ拮抗した状態にある。両者の考え方の違いの重要な点は、編集層が二重か三重かという数の問題ではなく、申命記史書の本質的部分が成立したのが、王国がまだ存続していた時代状況下においてなのか、それとも王国がすでに滅亡してしまった後なのかという、すぐれて歴史的な問題と、申命記史書の本来の中心的な執筆意図に関わっている。しかし、二つの見方を調停、総合しようという試みも盛んである（オブライエン、ローフィンク、レーマー、シュミート）[16]。その場合、申命記史書の最初の形態の成立をヨシヤ時代に引き上げたうえで、捕囚時代に律法主義的な編集を認めるという行き方が試みられる場合が多い。「成層モデル」と「ブロック・モデル」の差がなくなりつつあるのである。他方で、申命記史家を単独個人とするノートの見方も、少数派とはいえ一部に受け継がれていることも付記すべきであろう（ホフマン、ヴァン・シーターズ、ロング、ペッカム、アルベルツ）[17]。

筆者は現在、列王記の注解作業に取り組んでおり、すでに一通りの釈義を終えているが、列王記全体を文献学的に検討した結果、改めて感じられたのは、これを単独個人の著作とすることにはやはり無理がある、ということである。申命記史書中の異なる正典文書の間については言うまでもないが、同じ列王記中でさえも、箇所によって素材への手の加え方にさまざまな流儀の違いが見られ、関心の多様性や内部的不調和も随所に観察される。したがって申命記史書については、単独個人の著作というよりも、複数の人々が分業的に執筆、編集の作業に携わった学派的構成物であると見るのがより適切であろう（ヴァインフェルト、パーソン、レーマー、シュミート）[18]。そこで、申命記史書の著者たちについては、やや曖昧になるが、最近欧米の研究で主流になりつつあるように、「申命記史家たち」という複数形で語ることにしたい。年代的には、最終形態では、前述のように王国滅亡と捕囚という状況が前提とされており、（歴代誌とは異なり）捕囚からの解放の予兆はまったく見られないので、捕囚中であることは間違いない。しかし、列王記中には、クロス学派が強調するように、ユダ王国とダビデ王朝、エルサレム神殿が存続していることを明らかに前提としているとしか思えない部分が随所に見られ、王国時代後期に基本的部分がすでに成立していたとする可能性は排除できない。逆に、明らかに王国滅亡後や捕囚という状況を前提としている部分（後述）を除き、列王記の主要部分が最初に書かれたのが王国滅亡後でしかありえないことを示す、積極的理由は私見によればほとんど見当たらない。周知のように、列王記では、エルサレム神殿が唯一の正統的聖所とされ、この原理原則を尊重したかどうかで歴代の王たちが肯定的、もしくは否定的に評価される。このようなエルサレム神殿での礼拝の排他的正統性を主張し、そこへの祭儀集中を要求する著作が、よりによってその聖所が破壊された後に初めて書かれたと想定することには、やはり無理があるように思われる。

申命記史書が前述のように学派的構成物であれば、それがある程度の時間的幅をもって段階的に成立したとする仮説には、十分な信憑性が帰されてよい。申命記との密接な用語的、思想的関連性から見て、その初期の形態が、クロスやその支持者たちの言うように、ヨシヤ王の宗教改革と関連して、それを支持、補完する目的で書かれたという可能性は十分考慮に値しよう。

周知のように、ヨシヤ王の祭儀改革は、神殿から「律法の書」が発見されたことが発端になって行われたものとされる（王下二二3―二三3）。そこで問題にされている「律法の書」が、いずれかの形態における申命記であることは、十九世紀初頭にデ・ヴェッテ（一八〇五年の学位論文）[19]が指摘して以来、旧約学界では広く受け入れられている。[20]申命記の精神に基づいて書かれた申命記史書が、時代的にも事柄上も、申命記とヨシヤ王の祭儀改革との双方に関わっていると考えることは、極めて自然である。

したがって、一定期間の幅を持った「申命記史家たち」の学派的な活動の中に、ヨシヤ王時代（前七世紀後半）の「第一の申命記史家たち」と、王国滅亡と捕囚という状況を踏まえた前六世紀中葉の「第二の申命記史家たち」の、二つの焦点的な活動期があったという風に考えたい。

二　申命記史書における王朝神学

申命記史書の成立を考えるうえで、重要な手掛かりの一つになると思われるものに、申命記史書におけるイスラエルとユダの王朝についての見方がある。周知のように、申命記史書においては、いわゆる王国分裂以後の北王国イスラエルについては、ほとんどすべての王が「ヤロブアムの罪」を繰り返したことで断罪されており、[21]北王国の最初の三つの王朝については、それぞれ預言者的人物によってその断絶が予告され（王上一四10―11、一六1―4、二一21―22）、またその預言の成就がその都度確認される（王上一五29―30、一六12―13、王下九8―10、36―37[22]）。このような北王国の王朝についての神学的な理解は、北王国においては実際にクーデターが多発し、王朝交代が繰り返されたという歴史的事情とも対応している。

これに対し、ダビデ王朝が支配したユダ王国については、申命記史書では、ダビデ王朝の支配が「永遠に（アド・オーラーム）」ないし「いつまでも（コル・ハッヤーミーム）」続くとヤハウェが約束したことが繰り返し強調される。すでに統一王国時代に、ヤハウェは預言者ナタンを通じて、ダビデ王朝が「とこしえに」存続するとダビデに約束した（サム下七11b—16）。しかも、このナタン預言の大きな特色は、それが後述するように、まったく無条件の一方的なヤハウェからの約束であり、個々の王の振る舞いによって撤回されたり無効になったりすることはない、とされることである。

列王記のソロモンの治世の記述に入ると、王朝永続の約束は、ダビデの子孫から「イスラエルの王座につく者が断たれることはない」という形で、三度にわたって繰り返される（王上二4b、八25b、九4—5）。しかし、注目すべきことに、そのいずれの約束にも、ナタン預言の場合とは異なり、王朝永続の約束は無条件ではなく、「もし、あなたの子孫たちが……わたしの道を歩むなら」（王上二4b、八25b）、ないし「もし、あなたが、わたしが命じたことをことごとく行い、掟と法を守るなら」（王上九4—5）という条件が付されているのである。したがって、無条件のナタン預言と、これらの三つの条件付きの約束の関係が問われることになる。

その後、統一王国に対するダビデ王朝の支配は、ダビデの息子ソロモンの晩年における背教行為を切っ掛けに終止符を打たれることになる（王上一一1—13）。ソロモンの死後の王国分裂は、この背教行為へのヤハウェの神罰と意味づけられる（王上一二15、24）。しかしヤハウェは、それに先立って、預言者アヒヤを通じて、「ダビデの故に」ダビデの子孫（ダビデ王朝）に「一つの部族」を残すと宣言し、エルサレムでダビデの「ともし火（ニール）」を「絶えず」存続させると約束する（王上一一13、36）。このアヒヤ預言、すなわち「ともし火」の約束は、ユダ王国に邪悪な王が出てその存続が危ぶまれるような状況に陥る際に、さらに二度（したがって計三回）にわたって確認される（王上一五4―5、王下八18―19）。

ただし、この約束が歴史的には全うされなかったことを、われわれは知っているし、捕囚期のユダヤ人もよく知っていたはずである。前五八七年、ネブカドネツァルの率いるバビロニア軍によりユダ王国は滅ぼされ、エルサレムは神殿を含め徹底的に破壊された。ダビデ王朝の最後の王ゼデキヤは、目をえぐられ、「青銅の足枷をはめ」られてバビロンに引いて行かれ、ダビデ王朝は断絶した（王下二五章）。したがって、申命記史書の成立を考えるうえでは、この「ともし火（ニール）」の約束と歴史的現実の矛盾をどうとらえるかが問題となる。ダビデ王朝永続の約束は、この王朝がまだ存続しており、その滅亡がまだ予見されていない段階で書かれたものなのであろうか（ネルソン、クノッパース、シュニーデウィンド、プロヴァン）[23]。それとも、王国滅亡とダビデ王朝の断絶後に初めて、その破局を乗り越えるべき希望として浮上してきたものなのであろうか（ヴェイヨラ、ディートリヒ、ヴュルトヴァイン、ネンテル、オスワルド）[24]。

これらの問題を考えるために、申命記史家たちの王朝神学を表現すると思われる個々の箇所をより詳しく見ていこう。

三　ナタン預言（サム下七1―16）

ナタン預言によれば、ダビデは、エルサレムに搬入した「神の箱」を安置するために「家」（＝神殿）を建てることを思い付くが、ヤハウェは預言者ナタンを通じてダビデの神殿建築計画を退け、逆にダビデに「家」（＝王朝）を興すと約束した。「ヤハウェがあなたのために家を興す」（11節b）。しかもこの王朝は、永遠に続くものとなる。「あなたの家、あなたの王国はとこしえに（アド・オーラーム）続き、あなたの王座（キッセー）はとこしえに（アド・オーラーム）堅く据えられる」（16節）。

ナタン預言をめぐっては、特に前半におけるヤハウェによるダビデの神殿建設計画の却下の意味（4―7節）とその年代をめぐって研究者たちの見解が著しく分かれている。筆者自身は、このナタン預言の成立をめぐる私見を、すでに「ナタン預言の成立」と題する論文において発表している[25]。筆者の見方を多少単純化して要約すれば、ダビデの神殿建設計画却下の伝承の背後には、実際にダビデが神殿建設を計画したのだが、当時の宗教的保守勢力の反対によってそれが挫折したという歴史的事情があった（1―7節の基層部分に反映）。しかし、ダビデの後継者となったソロモンが一転して神殿を建設したので、反神殿的であったもとの伝承に、ソロモンの王位継承と神殿建設を事後予言的に正当化するような「改訂」が加えられた（12―14節a、15節a）。その後の王国分裂後、ダビデ王朝の正統性を強調するために、本来ソロモンを指すものであった「子孫（ゼラア）」の語が集合名詞的に再解釈され、ダビデ王朝の永遠の存続を予告する王朝神学に発展した（11節b、13節b、14節b、15節b、16節）。最後に、二重の申命記史家的改訂（ヨシヤ時代と捕囚時代）の編集（8—9節、13節の「わたしの名（シェミー）」の語＋10—11節a）が加えられて、現在の形になった、とするものである。

これに対し、神殿建設の拒否を、神殿破壊を踏まえ、その意義を相対化しようとする捕囚期以後のものとする見方も少なくない。しかし、王朝の永続の約束（13b—16節）については、それが申命記史家以前の王国時代の古い伝承に遡り、ユダ王国におけるダビデ王朝の支配を正統化しようとする王権イデオロギーの表現であることについては、大幅に見方が一致しているように思われる（ロスト、メッティンガー、ディートリヒ、最近ではピーチュ[26]）。

前述のように、ナタン預言における王朝神学の著しい特色は、王朝の永続がヤハウェの側からの一方的で無条件的な約束として描かれ、この王朝の個々の王たちの罪や過ちによっても王朝の永続は影響されることがないとされていることである。ダビデ王朝の王たちは、いずれもヤハウェの養子とされている（14節a「わたしは彼の父となり、彼はわたしの子となる」。詩二7、八九28参照）。罪を犯せば、個々の王は個人として——しかも穏当な手段で——罰される（14節b「彼が過ちを犯すときは、人間の杖、人の子らの鞭をもって彼を懲らしめよう」）。しかし、そのことは、王朝全体に対するヤハウェの約束を変えるものではない（15節a「わたしは慈しみを彼から取り去りはしない」）。15節bでは、この点でのサウルとの相違が強調されているが、そこでサウルは、明らかに、自分の王朝を子孫の代にまで存続させることができなかった人物として引き合いに出されている（15節b

「あなたの前から退けたサウルから慈しみを取り去ったが、そのようなことはしない」)。ダビデ王朝は、そこに属する個々の王の悪や罪を超えて、永遠の存続を保証されているのである(16節「あなたの家、あなたの王国は、あなたの行く手にとこしえに続き、あなたの王座はとこしえに堅く据えられる」)。

もし、クロス学派が想定するように、申命記史書の最初の形態が、まだダビデ王朝が存続していたヨシヤ王の時代に成立したとすれば、著者である第一の申命記史家たちが、彼ら以前からあったこの無条件の王朝永続の約束を、ほとんど手を加えることなく自分たちの歴史記述の中に取り入れたとしても、ごく自然に理解できる。

もう一つ、ナタン預言の特色として、ダビデの子孫が支配する王国の地理的範囲について、明言されていないことを指摘しておきたい。ナタン預言では、「イスラエル」について何度か言及されるが(6、7、8、10、11節の各節)、それらはいずれもヤハウェの民としての「イスラエル」の民についてであり、ダビデの子孫が統治すべき領土の地理的範囲については、「彼の王国」(12、13節b)、「あなたの家」、「あなたの王国」、「あなたの王座」(16節)と一般的、かつ――具体性を欠いたという意味で――抽象的に語られるに止まっている。このことは、ナタン預言とその他の約束との関係を考えるうえで、重要な意味を持つ。

四　条件付きの王朝永続の約束（王上二4b、八25b、九4—5）

無条件のナタン預言とは異なり、条件付きの王朝永続の約束は、列王記上で三箇所、しかもいずれもソロモンの治世についての記述の中（のみ）に現れる。最初はいわゆる「ダビデ王位継承史」の最後、ダビデの遺言の場面に出てくる。そこで、死を前にしたダビデは、王位についたソロモンに対し、ソロモンの政敵になり得るヨアブとシムイを亡き者にするように命じる（王上二5—9）のであるが、その陰険で殺伐とした「遺言」の前に、それとは妙に対照的で建徳的な、律法遵守の勧告とその功徳についての言及が置かれている。「あなたの神、ヤハウェの務めを守ってその道を歩み、モーセの律法に記されているとおり、ヤハウェの掟と戒めと法と定めを守れ。そうすれば、あなたは何を行っても、どこに向かっても、良い成果を上げることができる」（3節）。

政敵粛清の命令が申命記史家たち以前の「ダビデ王位継承史」の基層に属するのに対し、この律法遵守の勧告が申命記史家の一人の加筆であることは、用語的にも思想的にも明白である。ただし、スメント学派では、このような律法遵守の意義の強調や、「掟と戒めと法と定め」といった律法的用語の羅列が出てくると、それをほぼ自動的に申命記史家たちの中の——時代的には後代の——特定の編集層（スメントの言うDtrN）に帰す傾向が顕著であるが[27]、筆者はこのような見方に与しない。そもそも申命記は申命記法（申一二—二六章）を中心とする書物であり、律法主義はその本質に属する。律法的用語の羅列も、申命記自体の中に頻出する（申五1、31、六1、17、20、七

11、一一1、二一1、二六16—17等）。もしヨシヤ王の宗教改革が申命記に基づいたものであったとすれば、その改革自体も律法主義的だったはずであり、また申命記史書がその申命記を精神的支柱とするものであれば、この史書自体も本質的に律法主義的な性格のものだったはずである。最初の申命記史書が律法主義とは無縁で歴史だけを物語っていたと仮定し、律法主義的用語や思想が出てくればすべて捕囚期以後の後代の編集者の付加とする見方は、はなはだ不自然であり、一方的かつ循環論的である。したがって、この律法主義的なダビデの勧告を書いたのがヨシヤ時代の第一の申命記史家の一人であったと見ることは、十分可能であると思われる。

　この律法遵守の勧告に続き、いわばその律法遵守の功徳の一つとして言及されるのが、条件付きの王朝永続の約束なのである。「ヤハウェは、わたしについて告げてくださったこと、『もし（イム）、あなたの子孫たちが自分の歩む道に留意し、まことをもって、心を尽くし、魂を尽くしてわたしの道を歩むなら、あなたにとって、イスラエルの王座につく者が断たれることはない』という約束を守ってくださるだろう」（4節）。この部分も、申命記史家の一人の手によるものであることは、用語法的にも思想的にも（「心を尽くし、魂を尽くして……」）疑問の余地はない。ただし、これは厳密にいえばヤハウェが直接語る約束ではなく、あくまでダビデの言葉であり、ヤハウェがこのような約束をしたと、ダビデが主張しているのである。これ以前のサムエル記や列王記の文脈で、ヤハウェがダビデにこの通りの約束を語ったと記されている箇所はない。これ以前の文脈で、王朝の永続の約束について語られているのは、サムエル記下七章のナタン預言だけである。それゆえ、これはナタン預言についての、この部分を書いた申命記史家の一人の解釈であると考えられる。この申命記史家は、本来無条件であったナタン預言の王朝永続の約束を、条件付きのものに「修正」したことになる。

条件付きの王朝永続の約束の二番目の例は、ソロモンによるエルサレム神殿献堂の祈りの中に出てくる。ここでもまた、ナタン預言が踏まえられていることは明白である。ナタン預言の後半では、ソロモン――名は挙げられてはいないが――による王位継承および神殿建設（サム下七12―13ａと、ダビデ王朝の永遠の存続（同13ｂ―16節）の双方が約束されていた。ここでソロモンはまず、約束の前半、すなわち自分の王位継承と神殿建設が実現したことを確認する。「ヤハウェが約束なさったとおり、わたしは父ダビデに代わって立ち、イスラエルの王座につき、イスラエルの神、ヤハウェの御名のためにこの神殿を建てた」（王上八20）。「あなたはその僕、わたしの父ダビデになさった約束を守り、御口をもって約束なさったことを今日このとおり御手をもって成し遂げてくださいました」（同24節）。

それからソロモンは、今や約束の後半、王朝の永続も実現させてほしいとヤハウェに願うのである。「イスラエルの神、ヤハウェよ、今後もあなたの僕ダビデに約束なさったことを守り続けてください。あなたはこう仰せになりました。『あなたがわたしの前を歩んだように、もし（イム）あなたの子孫たちもその道を守り、わたしの前を歩むなら、あなたにとって、わたしの前でイスラエルの王座につく者が絶たれることはない[28]』と」（同25節）。ただし、ここでもまた王朝永続の約束に、「もし」ダビデの子孫たちがヤハウェの前を歩む「なら」という、信仰的服従の条件が付けられている。そしてここでもまた、約束はヤハウェの直接の言葉ではなく、ソロモンによる引用であり、文脈上は二章4節のダビデの言葉を受けたものということになる。

条件付きで王朝の永続が約束される第三の例は、このソロモンの神殿献堂の祈りに対するヤハウェの応答（王上九3―5）に見られる。ヤハウェはまず、ソロモンの祈りを聞き届けたことと、エルサレム神殿を嘉納し、「そこにわたしの名をとこしえに置く」ことを宣言する（3節）。そして王朝永続を求めるソロモンの祈り（王上八25）に対しても、次のように応答する。「もし（イム）あなたが、父ダビデが歩んだように、無垢な心で正しくわたしの前を歩み、わたしがあなたに命じたことをことごとく行い、掟と法を守るなら、あなたの父ダビデに、『あなたにとって、イスラエルの王座につく者が絶たれれることはない』と約束したとおり、わたしはイスラエルを支配するあなたの王座をとこしえに存続させる」（王上九4―5）。

ここで注目すべきは、他の二箇所とは異なり、「王座の存続」がダビデの「子孫たち」（複数形）ではなく、ソロモン個人（単数形の「あなた」）の振る舞いに掛かっているとされていることと、やはり他の二箇所とは異なり、ダビデやソロモンによる引用ではなく、直接ヤハウェ自身の言葉によりこの約束が確認されていることである。したがって、これらの条件付きの王朝永続の約束を書き込んだ申命記史家たちにとっては、この約束はやはりヤハウェから出た真実のものなのである。

さて、王朝永続の約束に条件が付されているということは、当然ながら、もし条件が満たされなければ約束が反故になるということを前提とする。すなわち、もしダビデの子孫たち、ないしソロモンがヤハウェの前を歩まず、掟と法を破るなら、「イスラエルの王座につく者」が断たれること になる、ということである。したがって、ここでは、ダビデ王朝の滅亡が前提にされているとも読める。もしそうなら、この部分を書いた申命記史家は、当然王国滅亡後、ダビデ王朝断絶後の捕囚時代にいるということになろう。これらの条件付きの王朝永続の約束をすべて遅い時代のDtrNに帰すスメント学派（ヴェイヨラ、ヴュルトヴァイン、ヘンチェル）[29]にとっては、このことは自明の理である。第一の申命記史家を王国時代後期のヨシヤ時代に置くクロス学派やそれに同調する人々の中でも、これらの約束は条件付きであるが故に、それらを捕囚時代の第二の申命記史家に帰す研究者が、クロス自身を含めて多い[30]（コーガン、シュニーデウィンド、プロヴァン、クノッパース）[31]。実は、筆者自身も以前の論文や著書では基本的にこの立場に立っていた[32]。しかし今回、列王記注解を書くに当たって、捕囚前の申命記史家を重視するネルソンやフリードマン、オブライエン、特にハルパーンの著作[33]を読み直し、また比較的最近のオスワルドのナタン伝承の研究[34]を読んで、考え方を変えるようになった。はたして条件付きの王朝永続の約束が、本当にダビデ王朝の滅亡そのものを踏まえているかどうかを、考え直すようになったのである。

問題の一つは、この条件付きの王朝永続の約束が、なぜソロモンの治世（だけ！）に集中しているのか、ということにある。もしそれが、前六世紀初頭のユダ王国の滅亡を説明しようとするものであるのなら、なぜ条件付きの王朝永続の約束が、四百年近くも前のソロモンの治世にだけ現れ、もっと広い範囲に分布しておらず、例えば、後で見るように現在の形での申命記史書ではユダ王国の滅亡の直接的責任を帰されている、マナセの治世に関する記述で見られないのか。

この問題を考える手掛かりの一つは、おそらく、条件付きの約束三箇所のすべてで「絶たれることはない」とされるのが、「イスラエルの王座につく者」とされていることにある。ここでいう

「イスラエル」とは、何か。ナタン預言におけるヤハウェの民としての「イスラエル」の場合とは異なり、ここでは、「王座（キッセー）」に関わるのであるから、当然、支配領域としての国家が問題になっている。可能性は二つ。ソロモン時代のイスラエル統一王国か、王国分裂後のイスラエル北王国である。前者であれば、ユダを含むイスラエル全体であり、後者であればユダを除く十の部族（王上一一31参照）ということになる。

旧約聖書中、「イスラエルの王座（キッセー・イスラエル）」という表現は、これまで見てきた条件付きの約束の三箇所を除けば、列王記上八章20節、一〇章9節、列王記下一〇章30節、一五章12節の四箇所のみに見られる。このうち、後者（列王記下）の二箇所はイエフの王朝についての記述なので、明らかに北王国の意味である。これに対し、前者（列王記上）の二箇所はソロモン自身の神殿献堂の言葉とシェバの女王のソロモン称賛の言葉の中なので、イスラエル十二部族を包括した統一王国の意味であろう。三箇所ある条件付きの約束でも、いずれもソロモン時代なので、統一王国の意味であると考えられる。しかし、いずれにしても意味上大きな違いはない。イスラエル全体に対する支配であれ、北王国イスラエルに対する支配（王上一35参照）であれ、ソロモンの死後、それはダビデ王朝の手から失われるからである（王上一二16―17、19参照）。これに反し、この「イスラエル」が王国分裂後のユダ王国を表しているということはおよそありそうにない。列王記では、王国分裂後の王国としての「ユダ」と「イスラエル」は常に対比的に区別されており、（歴代誌[35]におけるのとは異なり！）南王国としてのユダが明示的に「イスラエル」と呼ばれる用例は一つもないからである。[36]王国分裂後も、ダビデ王朝はユダ王国を支配し続ける。したがって、「イスラエルの王座」につく者が「絶たれる」ことを示唆する条件付きの王朝永続の約束は、必ずしもユダ王国とダビデ王朝の滅亡を前提としているとは言えないのである。

もし、この見方が当たっているとすれば、律法遵守を条件とする「イスラエルの王座」の永続の約束は、前六世紀初めのダビデ王朝の滅亡をではなく、むしろソロモンの死後の統一王国イスラエルの分裂を説明するためのものであるということになる。その場合には、これらの約束はヨシヤ時代の第一の申命記史家に帰すことが十分可能になる。ソロモンの死後に統一王国が分裂することは、ヨシヤ時代の第一の申命記史家たちもよく知っていたはずであるし、彼らはこの分裂について何らかの神学的な説明をしていたはずだからである。

そして列王記上一一章によれば、実際にソロモンは律法遵守の条件を守らなかった。彼には多くの外国出身の妻があり、彼は晩年になって、彼女たちのために外国の神々を祀る高台聖所（バーマー）を造らせ、それらの場所で彼女たちに異教の神々を礼拝させたからである（王上一一1―8）。列王記上一一章では、それらの行為が律法遵守義務違反であることが、申命記史家的文体で言葉に出して確言されている。「あなたがこのようにふるまい、わたしがあなたに授けた契約と掟を守らなかったゆえに、わたしはあなたから王国を裂いて取り上げ、あなたの家臣に渡す」（11節）。「わたしがこうするのは、彼がわたしを捨て、シドンの女神アシュトレト、モアブの神ケモシュ、アンモン人の神ミルコムを伏し拝み、わたしの道を歩まず、わたしの目にかなう正しいことを行わず、父ダビデのようには、掟と法を守らなかったからである」（33節）。このように、晩年のソロモンの振る舞いは、三度繰り返された条件付きの約束と見事にシンクロし、その条件にまさに抵触することになるのである。

スメント学派やそれに同調する研究者は、律法主義的用語の多用を根拠に、これらの王国分裂の予告を遅い時代の DtrN に帰すが（ヴェイヨラ、ディートリヒ、ヴュルトヴァイン、ヘンチェル）[37]、その必要がないことは前述の通りである。ヨシヤ時代の第一の申命記史家たちも十分律法主義的だったのであり、しかも、王国分裂については第一の申命記史家たちも何らかの説明をしていたに違いない。ここで考え合わせるべきは、ヨシヤ王の祭儀改革を描く列王記下二三章で、ヨシヤがよりによって、ソロモンの築いた高台聖所群を破壊したと報告されていることである（13―14節）。ヨシヤは、その宗教改革により、ソロモンの犯した背教的な罪を取り除いたことになる。したがって、ソロモンの晩年の堕落と背教的行為を描き、それを契約違反、律法遵守義務違反と意味づける列王記上一一章の基本的部分を、ヨシヤによる宗教改革を支持したこの王と同時代の第一の申命記史家たちに帰すことは、可能であるばかりか、むしろ蓋然性が高いと言えるのである（ネルソン、クノッパース、スウィーニー、ハルパーン）[38]。もしそうだとすれば、律法遵守の条件を伴う「イスラエル」の王座の永続についての三箇所の約束も、同じヨシヤ時代の第一の申命記史家たちに帰すことができるであろう。本来の（申命記史家たち以前の）ナタン預言は無条件的なものであったにもかかわらず、第一の申命記史家たちの解釈によれば「イスラエル」、すなわち統一王国へのダビデ王朝の支配には、ヤハウェの道を歩み、その律法を遵守するという条件が付けられていた。そしてソロモンは、晩年の異教祭儀の許容によってこの約束の条件を破った。その結果、ダビデ王朝の統一王国（イスラエル！）への支配は失われるのである。

五　アヒヤ預言と「ともし火（ニール）」の約束（王上一一36、一五4、王下八19）

ソロモンの罪と条件違反により、「イスラエル」統一王国全体へのダビデ王朝の支配は失われるが、それにもかかわらず、エルサレムとユダへのダビデ王朝の支配はあくまで維持される。しかも、王国の分裂は、ソロモン自身の治世にではなく、彼の息子の世代にまで延期される。申命記史家たちが語らせるソロモンへのヤハウェ自身の言葉によれば、それは「ダビデとエルサレムのゆえ」であるという。「あなた（＝ソロモン）が生きている間は父ダビデのゆえにそうしないでおくが、あなたの息子の時代にはその手から王国を裂いて取り上げる。ただし、王国全部を裂いて取り上げることはしない。わが僕ダビデのゆえに、わたしが選んだ都エルサレムのゆえに、あなたの息子に一つの部族を与える」（王上一一12—13）。つまり、律法違反ゆえのソロモンへの罰は、時間的にも領域的にも緩和、軽減されるのである。すなわち、「イスラエル」への支配が失われるのは、ソロモン自身の治世でなく、彼の息子レハブアムの治世になってからであり、しかもダビデ王朝には、一つの部族、すなわちユダは残されるのである。

同じことは、その直後の場面で、預言者アヒヤを通じて、王国分裂の実行者となるヤロブアムに対しても予告される。しかもそこではそのことが、「ともし火（ニール）」という語を用いた特徴的な表現で強調される。「わたしの戒めと掟を守った、わたしの選んだ僕ダビデのゆえに、彼（＝ソロモン）をその生涯にわたって君主としておく。わたしは彼の息子（＝レハブアム）の手から王権を取り上げ、それを十部族と共にあなた（＝ヤロブアム）に与える。彼の息子には一部族を与え、わたしの名を置くためにわたしが選んだ都エルサレムで、わが僕ダビデのともし火（ニール）がわたしの前に絶えず（コル・ハ・ヤーミーム）燃え続けるようにする」（王上一一34b—36）。すなわち、ダビデ王朝の永続の約束は、今やユダ王国とその首都エルサレムに範囲を縮減された形であるが、あくまで存続するのである。しかも、この約束は、ソロモン時代の条件付きの「イスラエル」の王座についての約束とは異なり、明らかに無条件である（あるいは、すでにダビデが「戒めと掟」を守ったために、すでに無条件なものになっている）。

したがって、ナタン預言の言葉を借りれば、ソロモンの罪による王国分裂は、ダビデの子孫の過ちに対する、「人間の杖、人の子らの鞭」による「懲らしめ」（サム下七14b）の枠内に収まるものなのである。それはダビデ王朝にとって、政治的には一定程度の打撃、損失となるが、ヤハウェの「慈しみ（ヘセド）」を完全に取り去るものではなく、ヤハウェとダビデ王朝の神学的関係を完全に断ち切るものではないのである。

ノルベルト・ローフィンクは「どの神託がダビデ家を永続させるのか」と題した論文[39]において、ナタン預言はソロモンの罪のゆえに反故になったのであり、アヒヤ預言がナタン預言に取って代わり、ダビデ王朝を存続させるものとなった、という解釈を提唱した。しかし、ナタン預言とアヒヤ預言は必ずしも両立し得ないものではないし、アヒヤ預言がナタン預言に取って代わったとも言えない。前述したように、そもそもナタン預言にはダビデの子孫が支配する領域については具体的な記述がなかった（「彼の王国」、「あなた（＝ダビデ）の家」、「あなたの王国」、「あなたの王座」）。

第一の申命記史家たちによるソロモンへの条件付きの約束は、その領域を「イスラエル」統一王国と明確化したうえで、ソロモンの死後の王国分裂を踏まえ、その存続が律法遵守に条件づけられたものであると解釈した。そして、ソロモンはその条件を破り、王国は分裂することになった。しかしアヒヤ預言は、それにもかかわらず、ダビデ王朝の支配はエルサレムとユダに領域を限定された形で無条件に永続する、と約束する。それは、今や範囲をエルサレムとユダに限定した形でナタン預言を更新するわけである。それは、ナタン預言（サム下七5―16）に取って代わるものではなく、いわばナタン預言の枠組みの中で、挫折した条件付きの「イスラエル」への支配の永続の約束（王上二4b、八25b、九4―5）に取って代わるものなのである。

　ソロモンへの条件付きの王朝永続の約束と、「ダビデのゆえ」の「ともし火」の約束の関係を考える際に重要なのは、ほぼ同じ内容の約束が、最初は条件付きで与えられ（王上二4b、八25b、九4―5）、しかる後に無条件化された、というわけでは決してないということである。ソロモンへの条件付きの約束はあくまで「イスラエル」全体に対する王位に関わる。しかしそれは、ソロモンの罪により、条件違反で事実上撤回されてしまった。しかし、それに代わって「ともし火」の約束が与えられた。それは領域的にはユダないしエルサレムに縮減されているが、無条件であり、「絶えず」有効とされるのである。

　「ともし火」の語を用いたダビデ王朝の存続の約束は、その後二回、いずれも「罪を犯した」、「悪を行った」とされるユダの王の治世導入定式の中で、それにもかかわらずダビデ王朝が存続した理由を説明する形で引き合いに出される。その場合にはいずれも、それが「エルサレム」ないし

「ユダ」の存続に関わるものであることが言葉に出して強調される。最初は、王国分裂後二代目のユダ王アビヤムに関してである。「彼（＝アビヤム）もまた彼の父（＝レハブアム）がさきに犯したすべての罪を犯し、その心も父祖ダビデの心のようには、自分の神、ヤハウェと一つではなかった。（しかし）彼の神、ヤハウェは、ただダビデのゆえにエルサレムにともし火（ニール）をともし、跡を継ぐ息子を立てて、エルサレムを存続させられた」（王上一五3―4）。

三番目は王国分裂後五代目のユダ王ヨラムについてである。この王は「アハブの娘」（＝アタルヤ）を妻としていたので、「アハブの家の道」を歩み、「ヤハウェの目に悪とされることを行った」と非難されている（王下八18）。それにもかかわらず、ユダが滅亡しなかったのは、やはりダビデのゆえの「ともし火」の約束のおかげなのである。「しかし、ヤハウェはその僕ダビデのゆえに、ユダを滅ぼそうとはされなかった。ヤハウェは、ダビデとその子孫に絶えず（コル・ハ・ヤーミーム）ともし火（ニール）を与えると約束されたからである」（王下八19）。

実は、旧約聖書で「ニール」の語が用いられているのは以上の三箇所の約束と、三番目の列王記下八章19節の並行箇所である歴代誌下二一章7節、それに文脈上意味のはっきりしない箴言二一章4節だけで、[40] この語の正確な意味はよく分からない。伝統的な「ともし火」の訳は、これを「ネール（＝ランプ）」[41]の同義語と解したものであるが、最近では、「支配」、「領地」等の訳も提案されている。[42] それが本来何を意味したのであれ、これらの文脈ではそれがダビデ王朝、エルサレム、ユダ王国の存続を象徴するものであることは明白であり、ここでは伝統的な訳に従っておく。

なぜ、よりによってソロモンとアビヤムとヨラムなのであろうか。実はこれら三人の王は、列王記で明白に罪を犯したとされるダビデ王朝の最初の三人の王なのである。ソロモンの息子で、王国分裂後最初の王レハブアムは、「罪を犯した」ことが前提にされてはいるが（王上一五3）、彼についての治世導入定式（王上一四21―24）にはなぜかレハブアム自身の悪についての記述がなく、「ユダの人々」の悪と罪について複数形の動詞で語られているのみなのである。[43] アビヤムの後の三代目のユダ王アサと四代目のヨシャファトについては、それぞれ「ヤハウェの目に正しいことを行った」と肯定的に評価されている（王上一五11、二二43）。したがって、「ともし火」の約束を書いた申命記史家たちは、ユダとエルサレムにおいては、悪しき王たちの登場にもかかわらず、「ダビデのゆえに」（すなわちダビデとの約束のゆえに）、ダビデ王朝の支配が保たれると信じていたことになる。私見によれば、これらの約束の言葉は、まだユダ王国もエルサレムも、そしてダビデ王朝も命脈を保っていた王国時代のうちに書かれたと解するのが最も自然に思われる。[44] もちろん、このような伝承の存在が、後のダビデ王朝の滅亡後に、別の意味で新たな希望の源泉になったということは言えるであろうが（歴代誌における引用を参照）。

六　北王国の諸王朝への預言（王上一四10―11、一六3―4、二一21―24）

申命記史家たちが南王国のダビデ王朝の永続に特別の神学的な意味を見出していたことは、これと対立することになった北王国イスラエルの諸王朝についての申命記史家たちの見方からも裏付けられる。前述の列王記上一一章のアヒヤ預言において、預言者アヒヤは王国を分裂させるヤロブアムに対し、ソロモンに対する条件付きの「イスラエル」の王座の存続の約束の場合と同じく、ヤロブアムのための「堅固な家（＝王朝）」を条件付きで約束する。「わたし（＝ヤハウェ）はあなた（＝ヤロブアム）を選ぶ。自分の望み通りに支配し、イスラエルの王となれ。もし（イム）、あなたがわたしの戒めにことごとく聞き従い、わたしの道を歩み、わたしの目にかなう正しいことを行い、わが僕ダビデと同じように掟と戒めを守るなら、わたしは……ダビデのために家（＝王朝）を建てたように、あなたのためにも堅固な家を建てよう」（王上一一37―38）。「堅固な家（バイト・ネエマン）」という語が、ナタン預言の「わたしはあなた（＝ダビデ）の家を堅固にする（ネエマン・ベーテハー）」（サム下七16）という文言を踏まえていることは明白である。しかもその家（＝王朝）は、よりによって「わたしがダビデのために建てた」（！）ような「堅固な家」とされている。

誰がこの文章を書いているのだろうか。おそらく、その人物にとってダビデ王朝が「堅固な家」（のはず）である、まだダビデ王朝が存続している時代の申命記史家の一人に違いない。もちろんこの著者も、そして彼の読者たちも、ヤロブアムが結局はこの条件を守らず、ヤロブアムの王朝が決して「堅固な家」にならなかったという歴史的事実をよく知っているはずである。ここでは、やがて断絶するヤロブアムの王朝と、永遠に続く（はずの）「堅固な家」であるダビデ王朝が暗黙の裡に対比されている。捕囚時代の申命記史家であれば、このような書き方はしないであろう。捕囚時代の歴史家にとっては、ヤロブアム王朝もダビデ王朝も、早い遅いの違いはあれ、すでに滅びてしまった王朝として、同じ穴の狢のはずである。

実際に、ヤロブアムは王国分裂後、エルサレムに対抗する聖所をベテルとダンに設け、そこに金の子牛の像を置いて、北王国の「原罪」とも言える「ヤロブアムの罪」の元凶になる（王上一二26—33）。すなわちヤロブアムは、アヒヤから示された条件を破ったことになる。したがってこの条件付きの約束は、ヤロブアムの王朝の断絶の伏線となる逆説的なレトリックに他ならない。この点においてそれは、ソロモンに対する条件付きの約束と同じ機能を果たしている。

ヤロブアムへの条件付きの約束を撤回し、ヤロブアム王朝の断絶を予告するのも、同じ預言者アヒヤである。ヤロブアムの妻が身分を隠して自分の子供の病気について尋ねに来たとき、アヒヤは次のような強烈な表現でヤロブアム王家の絶滅を預言する。[45]「それゆえ、わたしはヤロブアムの家に災いをもたらす。ヤロブアムに属する者は、イスラエルにおいて縛られている者も、解き放たれている者も、男子であれば、すべて滅ぼし、人が汚物を徹底的にぬぐい去るように、わたしはヤロブアムの家に残る者をぬぐい去る。ヤロブアムに属する者は、町で死ねば犬に食われ、野で死ねば空の鳥の餌食になる」（王上一四10—11）。

アヒヤの預言は、ヤロブアムの息子ナダブの治世に、王位簒奪者バシャの手によって成就する。彼はクーデターを起こし、ヤロブアムの家の者を皆殺しにする（王上一五27—29a）。語り手である申命記史家は、それがアヒヤの二度目の預言の成就であることを言葉に出して確認する。「これは、ヤハウェがその僕、シロの人アヒヤによって告げられた言葉のとおり、ヤロブアムが自ら罪を犯し、またイスラエルに犯させた罪によって、イスラエルの神、ヤハウェの怒りを招いたためである」（王上一五29b—30）。

しかし王となったそのバシャも、「ヤロブアムの道を歩み」（王上一五34）、イスラエルに罪を犯させた（王上一六2）。そこでヤハウェは、預言者ハナニの子イエフに、アヒヤの預言とほとんど同じ言葉によってバシャの王朝の絶滅を予告させる。「それゆえ、今わたしはバシャとその家を一掃し、あなたの家もネバトの子ヤロブアムの家と同様にする。バシャに属する者は、町で死ねば犬に食われ、野で死ねば空の鳥の餌食になる」（王上一六3―4）。イエフの預言も、バシャの息子エラの治世にジムリによるクーデターによって実現し、それが預言の成就であることが確認される（王上一六11―13）。

ジムリの王位は七日天下に終わった（王上一六15―18）。代わって覇権を握ったのはオムリであり、彼の王朝は、王国分裂後の北王国で最初の本格的王朝になる。しかし、この王朝の二代目の王アハブは、農民ナボトを無実の罪で処刑し、彼の葡萄園を手に入れるという極悪非道を行ったため（王上二一1―16）、預言者エリヤにより、その王朝の滅亡を宣言される。「見よ、わたしはあなたに災いをくだし、あなたの子孫を除き去る。イスラエルにおいてアハブに属する男子を、つながれている者も解き放たれている者もすべて絶ち滅ぼす。……アハブに属する者は、町で死ねば犬に食われ、野で死ねば空の鳥の餌食になる」（王上二一21―24）。エリヤの預言は、アハブの息子ヨラムの治世に将軍イエフのクーデターにより実現され（王下九14―35）、やはりその成就が言葉に出して確認される（王下九8―10、36―37、一〇10、17）。

オムリ王朝を滅ぼし、バアル祭儀を一掃したイエフは、その褒賞として四代続く王朝の存続を約束される（王下一〇30）。これは王国分裂以降の北王国における最長不倒記録になる。しかし、王朝が「四代も続く」ということは、別の角度から見れば「四代しか続かない」ということでもある（王下一五12）。この点で、列王記における北王国の王朝に関わる神の言葉は、首尾一貫してそれぞれの王朝の滅亡に向けられているわけである。

特に、北王国の王朝に関してほとんど同じ文言で三回繰り返される「犬と鳥の餌食」の預言は、南王国の王朝に関わる三回の「ともし火」の約束に対応する。申命記史書には、王朝をめぐる預言や神託に関連して、どうも「三回の法則」とも言えるものがあるらしい。ソロモンへの条件付きの預言も三回であったし、後述するマナセの罪によるユダ王国の滅亡の予告も三回である。三度繰り返せばそれが確定し、それ以上の繰り返しは不要ということなのであろうか。

しかし、注目すべきは、北王国の王朝に関わる預言がいずれも王たちの罪によるそれぞれの王朝の断絶、絶滅を予告するものであるのに対し、王国分裂後の南王国に関する預言や神託は、ダビデ王朝に属する王たちの罪によって「ユダ」や「エルサレム」が存続の危機に陥った場合でも、「ダビデのゆえに」それがヤハウェにより「絶えず」支えられるとする点で、北王国に対するものとは正反対だということである。ここに申命記史家たちの、南北両王国の王朝に対する非対称的な見方が示されている。すなわち、北王国の諸王朝は王たちの罪のゆえに滅ぼされ、ついには王国全体も滅亡する（王下一七章）のに対し、南王国では王たちの罪にもかかわらず、「ダビデのゆえに」王朝は存続するのである。ここには、「彼（＝ダビデの子孫）が過ちを犯すときは、人間の杖、人の子らの鞭をもって彼を懲らしめよう。（しかし、）わたしは慈しみを彼から取り去りはしない。……あなたの家、あなたの王国は、あなたの行く手にとこしえに続き、あなたの王座はとこしえに堅く据えられる」（サム下七14b―16）というナタン預言の精神が受け継がれているように思われる。このような南北両王国の諸王朝についての対照的な歴史観が展開したのも、すでに北王国は滅びたが、南王国はなお存続していた時代、すなわちヒゼキヤ王からヨシヤ王の時代であろう。

七　捕囚時代の第二の申命記史家たち

しかし、そのようなダビデ王朝永続への信仰も、結局のところは希望的観測に過ぎなかった。周知のように前六〇九年、ヨシヤ王は宗教改革の道半ばにしてエジプトの王ネコによって殺され（王下二三29―30）、しかもその後二十年余りのうちに、ユダ王国そのものが滅亡してしまうのである。神殿は瓦礫と灰の山となり、ダビデ王朝の最後の王は目をえぐられ、青銅の足枷をはめられてバビロンに引いて行かれた（王下二五7―10）。住民の多くは捕囚に送られ、カナンの地はバビロニア人のものとなった（王下二五11―12）。

しかも従来の伝承によれば、カナンの地はヤハウェにより族長たちに「永遠に与える」と約束されたものであり（創一三14―17）、ダビデ王朝もヤハウェの加護のもとで「天の続く限り」栄え続けるはずのものであった（詩八九4―5、29―30）。シオン＝エルサレムは「神の都」として難攻不落のはずであり（詩四六5―10、四八2―9）、神殿はヤハウェの加護の目に見える象徴のはずであった（エレ七4、10）。それらはいずれも、ヤハウェから与えられた「救済財」とでもいうべきものと信じられていた。

したがって、それらのものが一挙に失われた前五八七年の破局は、ヤハウェの無力さを露呈し、バビロニアの神々に対するヤハウェの敗北を示すものとして解釈されかねなかった。ヤハウェには、それらの約束を守り抜く力がなかったのか。生き残った人々のうちで、ヤハウェへの信仰は動揺をきたし、その力には疑念が向けられ（イザ五〇2、五九1等参照）、勝利者たちの異教の神々に惹かれる人々も少なくなかったはずである（イザ四六5―7、エレ四四15―19等参照）。

このような信仰の危機の只中にあって、ヨシヤ時代の第一の申命記史家たちの精神を継ぐ第二の申命記史家たちは、ヤハウェに対する人々の信仰を繋ぎ止めようとした。そのために、彼らは一方においてヨシヤ王の死とそれ以降の王国滅亡に至るまでの歴史（王下二三29―二五30）を書き継ぎつつ、他方で既存の第一の申命記史家たちの申命記史書の随所に加筆を行って、約束の地も国家も神殿も、決して無条件で与えられた自明的なものではなく、あくまでヤハウェのみを崇拝するという義務の条件を伴うものであることを強調した。そのための第二の申命記史家たちの手法は、非常に特徴的である。すなわち彼らは、それぞれの「救済財」に最も密接に関わる当事者自身の口や耳を借りて、契約を破った場合にヤハウェからの制裁として生じる、その救済財の喪失の可能性について警告したのである(46)。このような発想が、ヤハウェへの忠誠を守れば祝福が、それを破れば呪いが下るとする、申命記そのものの根本思想（申二八章）や、ソロモンやヤロブアムに対して王朝の永続に条件を付した第一の申命記史家たちの歴史観を発展させたものであることは明白である。

まず、カナンの地の喪失については、第二の申命記史家たちは、その地を征服したときの指導者ヨシュア自身に、カナン征服直後の段階でこう言わせている。「あなたたちの神、ヤハウェが命じられた契約をあなたたちが破り、他の神々に従い、仕え、これにひれ伏せば、ヤハウェの怒りが燃え上がり、あなたたちは与えられた良い土地から、速やかに滅び去る」(ヨシュ二三16)。

王国の存立についても、ヤハウェへの服従次第であることを、王制導入の責任者である預言者サムエル自身にこう語らせる。「もし(イム)、悪を重ねるなら、ヤハウェはあなたたちも、あなたたちの王も滅ぼし去られるであろう」(サム上一二25)。

そしてエルサレム神殿については、神殿建設者であるソロモン自身に対し、ヤハウェの口を借りてこう警告する。「もし(イム)、あなたたちとあなたたちの子孫たちがわたしに背いて身を転じるようなことをし、わたしがあなたたちの前に授けたわたしの命令、わたしの掟を守らず、あなたたちが出かけて行って他の神々に仕え、彼らにひれ伏すなら、わたしはイスラエルを彼らに与えた土地の上から断ち、またわたしがわたしの名のために聖別したこの神殿をわたしの顔の前から退ける」(王上九6―7)。

すなわち、約束の地の喪失も、王国滅亡も、神殿破壊も、決してヤハウェの側の約束違反ではなく、イスラエルの側の契約違反、律法違反の罪に対するヤハウェの正当な審判なのであり、その責任はあくまで民の側にある。それは決してヤハウェの無力や敗北を意味するのではなく、逆にヤハウェの義と、歴史におけるこの神の力を示すものなのである。究極の自虐史観とも言えるが、民の罪を強調することによって、ヤハウェへの信仰を守ろうとする、神義論的、弁神論的歴史観と見ることができるであろう。

第二の申命記史家たちは、過去を振り返って破局の神学的原因を解明しようとしただけではない。彼らは同時に、現在と将来を見据えつつ、それではそのような絶望的にも見える状況の中で、何をなすべきかについても、登場人物の口を通じて実践的な勧告を行っている。その代表的な例が、神殿献堂の際のソロモンの祈りである。そこでは、明らかに国家滅亡、捕囚という状況が前提にされ、そのような破局の中で何をなすべきかが、神への執り成しの祈りという形で示唆されている。

「もし、彼らがあなた（＝ヤハウェ）に対して罪を犯し――罪を犯さない人間など一人もいないのですから――、あなたが彼らに怒りを発されて、彼らを敵の前にお渡しになり、彼らを捕えた者たちが彼らを遠くや近くの敵の地に捕虜として連れて行くとき、その捕虜として連れて行かれた地で彼らが心を改め、立ち帰ってあなたに憐れみを乞い、彼らが捕虜となった地で、『わたしたちは罪を犯しました。わたしたちはよこしまに振る舞い、悪を行いました』と告白し、彼らを捕虜として連れ行った敵の地で、心を尽くし、魂を尽くして彼らがあなたに立ち帰り、あなたが彼らの父祖たちに与えられた彼らの土地、あなたがお選びになったこの町、わたしがあなたの御名のために建てたこの神殿の方角に向けてあなたに祈るなら、あなたのお住みになる場所である天にいまして、あなたが彼らの祈りと彼らの嘆願を聞き取り、彼らの訴えをかなえてください」（王上八46―49）。

すなわち、いたずらに絶望するのでも、ヤハウェの力を疑うのでも、他の神々の力を求めるのでもなく、自らの罪を悔い改め、ヤハウェに立ち帰ってあくまでこの神に救いを託し、その赦しを願うべきだ、という勧告である。このような第二の申命記史家たちのメッセージは、捕囚の民が信仰と民族としての同一性（アイデンティティ）を保ち、国家滅亡と捕囚という危機的な破局を乗り越えてそれらを維持していくうえで、少なからぬ力を与えたことであろう。

八　ユダ王国滅亡とマナセの罪（王下二一12―14、二三26―27、二四3―4）

他方で、捕囚時代の第二の申命記史家たちの一部は、ユダ王国の滅亡の具体的原因を、ヨシヤより二代前のマナセ王の悪行と結び付けた[47]。マナセはいわばヨシヤの宗教改革の前提を作り出した王であり、おそらくすでにヨシヤ時代の第一の申命記史家たちの申命記史書においても、マナセは異教的な祭儀を導入、振興した（王下二一2―6）だけでなく、「罪のない者の血を非常に多く流し、その血でエルサレムを端から端まで満たした」（王下二一16）と非難されていた。第二の申命記史家たちは、マナセの治世の記述に匿名の預言者の言葉を挿入し、マナセの罪への罰として、エルサレムとユダの滅亡を予告させる。「見よ、わたしはエルサレムとユダに災いをもたらす。これを聞く者は皆、両方の耳が鳴る。わたしはサマリアに使った測り縄とアハブの家に使った下げ振りをエルサレムに用いる。鉢をぬぐい、それをぬぐって伏せるように、わたしはエルサレムをぬぐい去る。

わたしはわが嗣業の残りの者を見捨て、敵の手に渡す。彼らはそのすべての敵の餌食となり、略奪の的となる」（王下二一12—14）。

ここでは、「ともし火」（王上一一36、一五4、王下八19）の約束で三度にわたって存続が約束されたエルサレムとユダの滅びが予告されている。それは列王記の文脈では、マナセの罪のゆえに、アヒヤ預言と「ともし火」の約束が事実上撤回されたことを意味する。第二の申命記史家たちの見方によれば、ヨシヤの宗教改革の努力さえも、マナセの甚大な罪を帳消しにすることはできなかったのである。ヨシヤに対する「彼のように全くモーセの律法に従って、心を尽くし、魂を尽くし、力を尽くしてヤハウェに立ち帰った王は、彼の前にはなかった。彼の後にも、彼のような王が立つことはなかった」という絶賛の直後にも、第二の申命記史家たちは、こう付け加える。「しかし、マナセが引き起こしたすべての憤りのために、ヤハウェはユダに向かって燃え上がった激しい怒りの炎を収めようとはなさらなかった。ヤハウェは言われた。『わたしはイスラエルを退けたようにユダもわたしの前から退け、わたしが選んだこの都エルサレムも、わたしの名を置くと言ったこの神殿もわたしは忌み嫌う』」（王下二三26—27）。ここでは、ユダとエルサレムに加えて、神殿までもが神罰の対象になっている。第二の申命記史家たちにとって、ユダ王国の滅亡とエルサレムと神殿の破壊は、否定のしようもない歴史的事実だったのである。

実際にバビロニアとその属国の連合軍がエルサレムを襲う場面でも、第二の申命記史家たちは念を押すように、その理由をマナセの罪と結び付ける。「ユダが彼の前から退けられることは、まさにヤハウェの御命令によるが、それはマナセの罪のため、彼の行ったすべてのことのためであり、またマナセが罪のない者の血を流し、エルサレムを罪のない者の血で満たしたためである。ヤハウェはそれを赦そうとはされなかった」（王下二四3―4）。アヒヤ預言以来、総計三度にわたって語られた「ともし火」の約束も、こうして三度にわたって打ち消されたのである。

第二の申命記史家たちは、なぜヨシヤ以前のマナセをいわばスケープゴートのようにし、彼一人にエルサレムとユダの滅亡の全責任を負わせたのであろうか。ヨシヤの改革はたしかに敬虔で優れた行為であったが、その前のマナセが悪すぎたから駄目だったのだ、というのはいかにも苦し紛れの理屈であって、強弁という印象がぬぐい去りがたい。ヨシヤは、マナセが導入した祭儀的な弊害を事実上払拭したはずだからである。論理的には、ヨシヤの宗教改革の意義を担保するためにも、ヨシヤ以降の王たちのせいにしたほうがよりすっきりしたのではないか。ヨシヤは偉かったが、そのあとの王たちが駄目な王ばかりで、結局国を亡ぼすことになった、という理屈になるからである。

それにもかかわらず、第二の申命記史家たちが王国滅亡の原因をマナセに求めたのには、実際的な理由があったと考えられる。ヨシヤの宗教改革の努力にもかかわらず国が滅びるのであれば、その原因として、ヨシヤの模範的な敬虔さをも上回るほど甚だしい「巨悪」の存在が必要になる。そのような「巨悪」を描くためには、おそらくはかなりの誇張と、ある種の歴史の改竄が必要になろう。

前六〇九年のヨシヤの死から前五八七年のユダ王国の滅亡までは、わずか二二年から二三年であり、その時代の一連の出来事は人々の記憶の中にまだかなり生きていたはずである。ヨシヤ以後の王たちヨアハズ（在位前六〇九年の三ヶ月間）、ヨヤキム（同前六〇九―五九八年）、ヨヤキン（同前五九八—五九七年の三ヶ月間)、ゼデキヤ(同前五九七—五八七年)はいずれも治世が比較的短く、善悪を問わず王としてのたいした事績もない「小物」ばかりである。しかも、いずれもヤハウェ系の名前を持っており、たいした宗教的な悪を行ったようにも見えない。彼らについて、あまり史実と異なることは語れなかったのではあるまいか。

これに対し、捕囚の世代から見れば、マナセは百年も前の王であり、もはや伝説化した人物である。しかも、五十五年というダビデ王朝でも最長不倒の長い治世(在位前六九六—六四二年)を誇ったある意味で「大物」であった。そのうえ彼は、すでに第一の申命記史家たちの申命記史書でも、ヨシヤの宗教改革を必要とするような状況を作り出した王として悪名が高かった。そこで、王国滅亡を「合理化」するうえで、責任を転嫁しやすかったのではなかろうか。

九 未来への希望はないのか?

捕囚時代の第二の申命記史家たちの主たる意図が、王国滅亡、エルサレムと神殿の破壊、約束の地の喪失といった一連の事態を、民の罪に対するヤハウェの裁きとして論理的、神義論的に説明することだったのは疑いようがない。それらの破局は、あくまで理解可能な理由のあることなのであり、もはや神学的な背理でも不条理でもないのである。このような意図は、ノートが彼の捕囚期の単独の申命記史家の執筆意図として想定したこととほぼ重なる。ただし私見によれば、これまで見てきたように、申命記史書は単独個人の著作ではなく学派的構成物であり、しかもヨシヤ時代の第一の申命記史書を補完、修正したものなのである。

他方で、ノートは申命記史家の意図はあくまで破局の意味を神罰として解明することであり、この裁きは申命記史家にとってある種の最終的なものであって、申命記史家は帰還や復興等の積極的、具体的な希望を何ら抱いていないとした(48)。しかし、すでに見たように捕囚期の申命記史家たちは、例えばソロモンの祈りを通じてヤハウェへの立ち帰りと悔い改めの必要性を訴えていた。破局をヤハウェの裁きとして説明することも、結局はヤハウェへの信仰を保たせるためのはずである。何ら希望のない信仰というものはやはりありえないのではないだろうか。

私見によれば、第二の申命記史家たちの未来の救いの可能性についての信念を考えるうえで鍵になるのは、やはりナタン預言の存在であろう。すでに述べたように、私見によればナタン預言中のダビデ王朝の永続を約束する部分は、申命記史家以前からあったユダ王国の王朝神学を反映するものであり、そこではダビデの「家」、「王国」、「王座」が「とこしえに（アド・オーラーム）」存続すると約束されていたが（サム下七13b、16）、その支配の領域的範囲や政体の形態については何ら具体的に述べられてはいなかった。このことは、申命記史家たちにとってはある意味で好都合であった。第一の申命記史家たちは、ソロモンに向けられた条件付きの約束（王上二4b、八25b、九4―5）の中で、その支配領域を「イスラエル」統一王国に具体化したが、それはソロモンの罪により破綻したものとした。条件が守られなかったからである（王上一一9―13、29―36）。

しかし、それに代わって、ユダとエルサレムに範囲を限定したアヒヤ預言と「ともし火」の約束が提示された（王上一一36、一五4、王下八19）。それによれば、ユダとエルサレムではダビデ王朝の支配が「絶えず」続くはずであった。ところが第二の申命記史家たちによれば、この約束もマナセの罪により事実上撤回されてしまった。その結果、ユダ王国は滅び、エルサレムと神殿は破壊された。これにより、ナタン預言自体も事実上反故になってしまったのであろうか。

これに関連して重要なことは、マナセの罪によるヤハウェの裁きについて語る第二の申命記史家たちの三つの箇所のいずれにおいても、「ユダ」や「エルサレム」や「神殿」への裁きは語られるが、「ダビデの家」、すなわちダビデ王朝に対する裁きはどこにも語られていない、という事実である。

第一の箇所では、エルサレムとユダへの災いがこう予告される。「見よ、わたしはエルサレムとユダに災いをもたらす」（王下二一12）。興味深いのは、これに続く、「わたしはサマリアに使った測り縄とアハブの家に使った下げ振りをエルサレムに用いる」という表現（王下二一13）である。ここでは、家や城壁が崩れかけていないかを調べる測量器の比喩を用いて、北王国と南王国の滅びが並列関係に置かれている。しかし、この並列化には意味深長な非対称性が含まれている。言うまでもなく、サマリアは北王国の首都であり、アハブの家は北王国を代表する王家である。もし北王国と南王国が完全な並行関係に置かれるなら、南王国への裁きでもその都と王家が対象となり、「わたしはサマリアに使った測り縄とアハブの家に使った下げ振りをエルサレムとダビデの家に用いる」になるはずである。この部分を書いた申命記史家は、明らかに「ダビデの家」を裁きの対象に巻き込むことを避けているのである。

第二の箇所では、裁きの対象に神殿が加わる。「わたしはイスラエルを退けたようにユダもわたしの前から退け、わたしが選んだこの都エルサレムも、わたしの名を置くと言ったこの神殿もわたしは忌み嫌う」（王下二三27）。先にも述べたように、捕囚時代の申命記史家たちにとって、ユダ王国の滅亡とエルサレムと神殿の破壊は否定しようのない歴史的事実であった。

第三の箇所は預言の成就の確認であって、そこではユダだけが言及される。「ユダがかれの前から退けられることは、まさにヤハウェの御命令による」（王下二四3）。これらの神罰の説明のどこにも、「ダビデの家」、ダビデ王朝の滅びや断絶が言及されていないことは偶然とは思われない。捕囚時代の申命記史家たちにとっては、ユダ王国の滅亡とエルサレムと神殿の破壊にもかかわらず、ダビデ王朝の永遠の存続を約束したナタン預言の効力は、密かに生き続けているのではないだろうか。もしそうであれば、捕囚時代の第二の申命記史家たちは、ナタン預言を源泉とするダビデ王朝永続の信仰を、第一の申命記史家から暗黙裡に受け継いでいるのではなかろうか。

このことと関連して改めて見直すべきは、列王記の最後、すなわち申命記史書全体の最終場面が、捕囚にあった「ユダの王」ヨヤキンの解放と名誉回復のエピソードであるという事実である(49)。「バビロンの王エビル・メロダクは、その即位の年にユダの王ヨヤキンに情けをかけ、彼を出獄させた。バビロンの王は彼を手厚くもてなし、バビロンで共にいた王たちの中で彼に最も高い位を与えた。ヨヤキンは獄中の衣を脱ぎ、生きている間、毎日欠かさず王と共に食事をすることになった」（王下二五27―29）。第二の申命記史家たちにとって、ヨヤキンはなお「ユダの王」であり、ダビデ王朝はあくまで存続しているのである。

ノートはこれについて、申命記史家が大した意味もなく、ユダの王家について自分が知っていた最新情報を付随的に付け加えただけだと解釈するが、[50]はたしてそうであろうか。バビロニアの記録から前五六一年前後のことと想定されるヨヤキンの解放と厚遇は、第二の申命記史家たちにとってほぼ同時代の出来事であったはずである。もちろん、フォン・ラートのように、このどちらかと言えばささやかな出来事の記述に大げさな「メシア的」な希望を結び付けることは適切ではなかろう。また、第二の申命記史家によれば、ヨヤキンも「ヤハウェの目に悪とされることをことごとく行った」（王下二四9）と断罪されており、ヨヤキン個人に救いの希望が結び付いていたとも思われない。

しかし、ナタン預言の重要な点は、それが個々の王の罪を超える約束だという点にある。「彼（ダビデの子孫）が過ちを犯すときは、人間の杖、人の子らの鞭をもって彼を懲らしめよう。（しかし、）わたしは慈しみを彼から取り去りはしない」（サム下七14―15）。王国滅亡も神殿の破壊もバビロン捕囚も、ある意味では「人間の杖、人の子らの鞭」での「懲らしめ」と解し得る。しかし、それはダビデ王朝へのヤハウェの「慈しみ（ヘセド）」の不可逆的な取り去りを意味するわけではないのである。

第二の申命記史家たちは、未来が、またダビデ王朝がどのようになるのか、具体的なイメージを持ち得てはいなかったであろうが、王国滅亡やエルサレムと神殿の破壊にもかかわらず、ダビデ王朝がなおかろうじて存続しているという同時代の事実のうちに、一縷の希望と未来の可能性を見ていたのではあるまいか。

注

（1）本稿は、二〇一六年一一月三日に同志社大学今出川キャンパスでの日本旧約学会二〇一六年度秋期総会において、パワーポイントを用いて行われた会長講演をもとに、それを発展させて論文化したものである。論文としては、二〇一七年度北星学園大学共同研究費により実施した研究をもとにしたものである。

聖書からの引用は『新共同訳 聖書』を基盤とし、場合によってそれに筆者が手を加えたものである。聖書文書の略号も新共同訳の目次の方式に従う。また聖書の箇所は、章は漢数字で、節は算用数字で表す。

（2）例えば、H. Ewald, *Geschichte des Volkes Israel bis Christus*, 7 Bde., Göttingen 1843–1859; A. Kuenen, *Historisch-Kritische Einleitung in die Bücher des Alten Testaments*, Leipzig 1887–1892（オランダ語からの独訳）; J. Wellhausen, *Die Composition des Hexateuchs und der historischen Bücher des Alten Testaments*, Berlin 1899[3].

（3）M. Noth, *Überlieferungsgeschichtliche Studien I. Die sammelnden und bearbeitenden Geschichtswerke im Alten Testament* (Schriften der Königsberger Gelehrten Gesellschaft. Geisteswissenschaftliche Klasse 18), Halle 1943〔M・ノート『旧約聖書の歴史文学――伝承史的研究』、山我哲雄訳、日本基督教団出版局、一九八八年〕。以下、引用は日本語版ページ数による。

（4）ノート『歴史文学』〔注3〕二一九―二二三頁。

（5）ノート以降の研究史については、次の文献を参照。山我哲雄「申命記史書研究小史」（ノート『歴史文学』〔注3〕四三六―四八四頁所収。Th. Römer/A. de Pury, Deuteronomistic Historiography

(DH), History of Research and Debated Issues, in: A. de Pury/Th. Römer/J.-D. Macchi (eds.), *Israel Constructs its History. Deuteronomistic Historiography in Recent Research* (JSOTS 306), Sheffield 2000, pp. 24–141; W. Thiel, Grundlinien der Erforschung des "Deuteronomistischen Geschichtswerkes", in: Ders., *Unabgeschlossene Rückschau. Aspekte alttestamentlicher Wissenschaft im 20. Jahrhundert* (BTS 80), Neukirchen-Vluyn 2007, pp. 63–81; Th. Römer, *The So-Called Deuteronomistic History. A Sociological, Historical and Literary Introduction*, New York 2005〔T・レーマー『申命記史書——旧約聖書の歴史書の成立』、山我哲雄訳、日本基督教団出版局、二〇〇八年〕、三七—七七頁。以下、引用は日本語版ページ数による。魯恩碩「申命記主義的歴史書（Deuteronomistic History）とは何か」、同『旧約文書の成立背景を問う——共存を求めるユダヤ共同体』、日本基督教団出版局、二〇一七年、一四五—一六九頁所収。

（6）G. von Rad, *Theologie des Alten Testaments* I, München 1957〔G・フォン・ラート『旧約聖書神学I』、荒井章三訳、日本基督教団出版局、一九八〇年〕、四四四—四五七頁。以下、引用は日本語版ページ数による。

（7）H. W. Wolff, Das Kerygma des deuteronomistischen Geschichtswerkes, *ZAW* 73 (1961), pp. 171–185.

（8）R. Smend, Das Gesetz und die Völker. Ein Beitrag zur deuteronomistischen Redaktionsgeschichte, in: H. W. Wolff (Hg.), *Probleme biblischer Theologie: G. von Rad zum 70. Geburtstag*, München 1971, pp. 494–509.

（9）W. Dietrich, *Prophetie und Geschichte. Eine redaktionsgeschichtliche Untersuchung zum deuteronomistischen Geschichtswerk* (FRLANT 108), Göttingen 1972.

（10）R. Smend, *Entstehung des Alten Testament*, Stuttgart 1978, pp. 111–125.

（11）T. Veijola, *Die ewige Dynastie. David und die Entstehung seiner Dynastie nach der deuteronomistischen Darstellung* (STAT.AASF 193), Helsiniki 1975; Ders., *Das Königtum in der Beurteilung der deuteronomisti-*

schen Historiographie. Eine redaktionsgeschichtliche Untersuchung（STAT.AASF 198）, Helsiniki 1977.

（12）E. Würthwein, *Die Bücher der Könige. 1 Kön 1-16*（ATD 11,1）, Göttingen 1977; Ders., *Die Bücher der Könige. 1 Kön 17-2 Kön 25*（ATD 11,2）, Göttingen 1984〔E・ウュルトワイン『ＡＴＤ旧約聖書註解８—９ 列王記〈上〉〈下〉』、頓所正／山吉智久訳、ＡＴＤ・ＮＴＤ聖書註解刊行会、二〇一三—二〇一四年〕; G. Hentschel, *1 Könige*（NEB 10）, Würzburg 1984; Ders., *2 Könige*（NEB 11）, Würzburg 1985.

（13）F. M. Cross, The Themes of the Books of Kings and the Structure of the Deuteronomistic History, in: idem, *Canaanite Myth and Hebrew Epic*, Cambridge MA 1973〔F・M・クロス『カナン神話とヘブライ叙事詩』、輿石勇訳、日本基督教団出版局、一九九七年〕、二七四—二八九頁所収。以下、引用は日本語版ページ数による。

（14）R. D. Nelson, *The Double Redactions of the Deuteronomistic History*（JSOTS 18）, Sheffield 1981; R. E. Friedman, *The Exile and Biblical Narrative: The Formation of the Deuteronomistic and Priestly Works*（HSM 22）, Chico 1981, pp. 1–43; B. Halpern, *The First Historians: The Hebrew Bible and History*, New York 1988, pp. 105–240; G. N. Knoppers, *Two Nations under God: The Deuteronomistic History of Solomon and the Dual Monarchies*, 2 vols.（HSM 52–53）, Atlanta 1993–1994.

（15）M. Cogan/H. Tadmor, *II Kings*（AncB 11）, New York 1988; M. Cogan, *I Kings*（AncB 10）, New York 2000; I. Finkelstein/N. A. Silberman, *The Bible Unearthed: Archaeology's Vision of Ancient Israel and the Origin of its Sacred Texts*, New York 2001〔I・フィンケルシュタイン／N・A・シルバーマン『発掘された聖書——最新の考古学が明かす聖書の真実』、越後屋朗訳、教文館、二〇〇九年〕; N. Na'aman, *Ancient Israel's History and Historiography: The First Temple Period*, Collected Essays Volume 3, Winona Lake 2006.

（16）M. O'Brien, *The Deuteronomistic History Hypothesis: A Reassessment*（OBO 92）, Freiburg/Göttingen

1989; N. Lohfink, Kerygmata des deuteronomistischen Geschichtswerks, in: J. Jeremias/L. Perlitt（Hg.）, *Botschaft und Boten. Festschrift für Hans Walter Wolff zum 70. Geburstag*, Neukirchen-Vluyn 1981, pp. 87–100; レーマー『申命記史書』〔注5〕; K. Schmid, *Literaturgeschichte des Alten Testaments. Eine Einführung*, Darmstadt 2008〔K・シュミート『旧約聖書文学史入門』、山我哲雄訳、教文館、二〇一三年〕。以下、引用は日本語版ページ数による。

（17） H.-D. Hoffmann, *Reform und Reformen. Untersuchung zu einem Grundthema des deuteronomistischen Geschichtsschreibung*（AThANT 66）, Zürich 1980; J. van Seters, *In Search of History: Historiography in the Ancient World and the Origins of Biblical History*, New Haven 1983; B. O. Long, *1 Kings with an Introduction to Historical Literature*（FOTL 9）, Grand Rapids 1984; B. Peckham, *History and Prophecy: The Development of Late Judean Literary Tradition*, New York 1993, pp. 518–655; R. Albertz, *Die Exilszeit. 6. Jahrhundert v. Chr.*（BE 7）, Stuttgart 2001, pp. 210–231.

（18） M. Weinfeld, *Deuteronomy and the Deuteronomic School*, Oxford 1971; R. F. Person, Jr., *The Deuteronomic School: History, Social Setting, and Literature*（SBL Studies of Biblical Literature 2）, Atlanta 2002; レーマー『申命記史書』〔注5〕、シュミート『文学史』〔注16〕。

（19） W. M. L. de Wette, *Dissertatio critica exegetica qua Deuteronomium a prioribus Pentateuchi libris diversum*, Jena 1805.

（20） 研究史については、H. D. Preuss, *Deuteronomium*, Darmstadt 1982; K. Finsterbusch, *Deuteronomium. Eine Einführung*, Göttingen 2012, pp. 17–38 等参照。

（21） 特に、J. Debus, *Sünde Jerobeams*（FRLANT 93）, Göttingen 1967 参照。

（22） Dietrich, *Prophetie und Geschichte*〔注9〕pp. 9–14; S. L. McKenzie, *The Trouble with Kings: The Composition of the Books of Kings in the Deuteronomistic History*（VTS 17）, Leiden 1991, pp. 61–80 参照。

（23） Nelson, *Double Redactions*〔注14〕pp. 108–118; Knoppers, *Two Nations*〔注14〕Vol. 1, pp. 191–206; Vol. 2, pp. 119–120, 235–237; W. A. Schniedewind, *Society and the Promise to David: The Reception History of 2 Samuel 7:1-17*, New York 1999, pp. 91–92; McKenzie, *Trouble*〔注22〕pp. 41–46; I. Provan, *Hezekiah and the Books of Kings: A Contribution to the Debate About the Composition of the Deuteronomistic History*（BZAW 171）, Berlin/New York 1988, pp. 94–98.

（24） Veijola, *Dynastie*〔注11〕pp. 118–119, 142; Dietrich, *Prophetie und Geschichte*〔注9〕pp. 142–143; ウュルトワイン『列王記〈上〉』〔注12〕三〇二―三〇三、三一〇、三九九―四〇〇頁、同『列王記〈下〉』〔注12〕一〇六、四六九―四七〇頁 ; J. Nentel, *Trägerschaft und Intentionen des deuteronomistischen Geschichtswerks. Untersuchungen zu den Reflexionsreden Jos 1; 23; 24; 1Sam 12 und 1Kön 8*（BZAW 297）, Berlin/New York 2000, p. 295; W. Oswald, *Nathan der Prophet. Eine Untersuchung zu 2Samuel 7 und 12 und 1Könige 1*（AThANT 94）, Zürich 2008, pp. 94–98.

（25） 山我哲雄「ナタン預言の成立」、佐藤研／月本昭男編『経験としての聖書 聖書学論集41 大貫隆教授献呈論文集』、二〇〇九年、一三一―三三二頁（本書に収録）。ナタン預言研究の基礎的な文献についても、同論文の注8を参照。

（26） L. Rost, *Die Überlieferung von der Thronnachfolge Davids*（BWANT 111/6）, Stuttgart 1926; T. N. D. Mettinger, *King and Messiah: The Civil and Sacral Legitimation of the Israelite Kings*（CB.OT 8）, Lund 1976, pp. 48–63; W. Dietrich, *David, Saul und die Propheten. Das Verhältnis von Religion und Politik nach den prophetischen Überlieferungen von frühesten Königtum in Israel*（BWANT 122）, Stuttgart 1992^2, pp. 114–136, 158–160; M. Pietsch, *»Dieser ist der Sproß Davids…«. Studien zur Religionsgeschichte der Nathanverheißung im alttestamentlichen, zwischentestamentlichen und neutestamentlichen Schrifttum*（WMANT 100）, Neukirchen-Vluyn 2003, pp. 8–53.

（27）例えば、Veijola, *Dynastie*〔注11〕pp. 22–24; ウュルトワイン『列王記〈上〉』〔注12〕四六—四七頁 ; Hentschel, *I Könige*〔注12〕pp. 26–27.

（28）原文では他の二箇所（王上二4、九4—5）と同じく動詞は受動形（ニファル形）であるのに、新共同訳はなぜか、主語を「わたし（＝ヤハウェ）」として「わたしはイスラエルの王座につく者を絶たず、わたしの前から消し去ることはない」と訳している。原文には「消し去ることはない」に当たる文言はない（!）。意訳としても、やりすぎであろう。

（29）Veijola, *Dynastie*〔注11〕pp. 5, 22–24, 142; ウュルトワイン『列王記〈上〉』〔注12〕四六—四七、二〇九、二二八頁 ; Hentschel, *I Könige*〔注12〕pp. 26–27, 59, 65.

（30）クロス『カナン神話』〔注13〕三四二頁。

（31）Cogan, *I Kings*〔注15〕pp. 172, 181, 283, 295; Schniedewind, *Society*〔注23〕pp. 106–110; Provan, *Hezekiah*〔注23〕pp. 106–111; Knoppers, *Two Nations*, Vol. 1〔注14〕pp. 64–65, 99–102, 109–111.

（32）山我哲雄「申命記史書におけるダビデ王朝」、『聖書学論集45』、二〇一三年、二五—七四頁。ただし、同論文では、王上二4b、八25b、九4—5における王朝永続の約束自体は王国滅亡以前のものとし、それに対する前置詞「イム」に導かれる条件節のみを捕囚後の第二の申命記史家による付加と見ていた。なお、山我哲雄『一神教の起源——旧約聖書の「神」はどこから来たのか』、筑摩書房、二〇一三年、三二〇—三二三頁をも参照。後者は一般読者を対象としたものなので、議論を多少単純化してある。

（33）Nelson, *Double Redactions*〔注14〕pp. 99–105; Friedman, *Exile*〔注14〕pp. 12–13; O'Brien, *Deuteronomistic History*〔注16〕pp. 155–156, 159; Halpern, *First Historians*〔注14〕pp. 157–174.

（34）Oswald, *Nathan der Prophet*〔注2〕pp. 91–101. ただし、これらの約束をあくまで捕囚時代に位置づけるオスワルドとは、筆者は年代づけを異にする。

（35）例えば、代下一二1―6、二八19、23、27等参照。なお、H. G. M. Williamson, *Israel in the Books of Chronicles*, Cambridge 1977をも参照。

（36）唯一、例外と言えるかもしれないのは、王上一二17で王国分裂に関連して、レハブアムの王としての支配を受け入れたのが、「ユダの町に住むイスラエル人」だけであったとされていることである。しかし、このことで具体的に何が考えられているのかは、およそはっきりしない。ユダ王国内に留まったユダ部族以外の人（例えば王上一二21―24のベニヤミン人）のことであろうか。あるいは、王国分裂直後なので、なお統一王国の視点から見て、かつての（統一王国としての）イスラエル人のうち、ユダの町に住む人（＝ユダ部族）だけ、ということであろうか。

（37）Veijola, *Dynastie*〔注11〕pp. 5. 141; Dietrich, *Prophetie und Geschichte*〔注9〕pp. 119, 154–155; ウュルトワイン『列王記〈上〉』〔注12〕二八五―九二、三〇二、三〇八―一一頁; Hentschel, *1 Könige*〔注12〕pp. 75, 79.

（38）Nelson, *Double Redactions*〔注14〕pp. 99–105; Knoppers, *Two Nations*, Vol. 1〔注14〕pp. 149–159, 191–206; M. A. Sweeney, The Critique of Solomon in the Josianic Edition of the Deteronomistic History, *JBL* 114（1995）, pp. 6–7, 22; Halpern, *First Historians*〔注14〕pp. 153–167.

（39）N. Lohfink, Welches Orakel gab den Davididen Dauer? Ein Textproblem in 2 Kön 8,19 und das Funktionieren der dynastischen Orakel im deuteronomistischen Geschichtswerk, in: T. Abusch/J. Huehnergard/P. Steinkeller（eds.）, *Lingering over Words: Studies in Ancient Near Eastern Literature in Honor of William L. Moran*（HSS 37）, Atlanta 1990, pp. 349–370.

（40）同形異義語で「処女地」を意味する「ニール」の語が存在する（エレ四3、ホセ一〇12、箴一三23）が、これはおそらく異なる語根に由来する。

（41）サム下二一17では、ダビデ自身が「イスラエルのネール（灯）」に譬えられている。

（42）　P. D. Hanson, The Song of Heshbon and David's Nir, *HTR* 61（1978）, pp. 297–320; *DCH* V, p. 683等参照。

（43）　これに対し七十人訳の該当箇所では、単数形の動詞でレハブアム自身の罪について語られている。

（44）　注23参照。

（45）　北王国の諸王朝に向けられたこれらの預言については、特に以下の文献を参照。H. N. Wallace, The Oracles Against the Israelite Dynasties in 1 and 2 Kings, *Bib* 67（1986）, pp. 21– 40; Dietrich, *Prophetie und Geschichte*〔注９〕pp. 9–13; McKenzie, *Trouble*〔注22〕pp. 61–80.

（46）　ノート『歴史文学』〔注３〕二七—二八、二〇八—二一九頁。レーマー『申命記史書』〔注５〕一六七—一七七頁、R. A. Klein, *Israel in Exile: A Theological Interpretation*, Philadelphia 1979〔R・A・クライン『バビロン捕囚とイスラエル』、山我哲雄訳、リトン、一九九七年、四五—七八頁〕、Nentel, *Trägerschaft*〔注24〕; Albertz, *Exilszeit*〔注17〕pp. 215–231; E. Talstra, *Solomon's Prayer: Synchrony and Diachrony in the Composition of I Kings 8,14-61*, Kampen 1993 等参照。

（47）　申命記史書におけるマナセ像については、特に次の文献を参照。P. S. F. van Keulen, *Manasseh through the Eyes of the Deuteronomists: The Manasseh Account (2 Kings 21:1-18) & the Final Chapters of the Deuteronomistic History*（OTS 38）, Leiden 1996; B. Halpern, Why Manasseh is Blamed for the Babylonian Exile: The Evolution of a Biblical Tradition, *VT* 48（1998）, pp. 473–514; F. Stavrakopoulou, *King Manasseh and Child Sacrifice*（BZAW 338）, Berlin/New York 2004; H.-J. Stipp, Ende bei Joschija. Zur Frage nach dem ursprünglichen Ende der Königsbücher bzw. des deuteronomistischen Geschichtswerks, in: Ders.（Hg.）, *Das deuteronomistische Geschichtswerk*（OBS 39）, Frankfurt a.M. u.a. 2011, pp. 225–267.

（48）　注４参照。

（49）　フォン・ラート『旧約聖書神学Ｉ』〔注６〕四五三—四五四頁 ; Dietrich, *Prophetie und Geschichte*〔注９〕pp. 142–143; Oswald, *Nathan der Prophet*〔注24〕pp. 78–85; E. Zenger, Die deuteronomistische

Interpretation der Rehabilitierung Jojachins, *BZ* 12 (1968), pp. 16–30; J. D. Levenson, The Last Four Words in Kings, *JBL* 103 (1984), pp. 507–561; B. Becking, Jehojachin's Amnesty: Salvation for Israel?, in: Ch. Brekelman/J. Lust (eds.), *Pentateuchal and Deuteronomistic Studies* (BETL 94), Leuven 1990, pp. 283–293; D. F. Murray, Of All the Years the Hopes - or Fears? Jehoiachin in Babylon (2 Kings 25:27–30), *JBL* 120 (2001), pp. 245–265; E. Aurelius, *Zukunft jenseits des Gerichts. Eine redaktionsgeschichtliche Studie zum Enneateuch* (BZAW 319), Berlin/New York 2003, pp. 127–137.

（50）ノート『歴史文学』〔注3〕一七二—一七三、二二二頁。

初出一覧

旧約聖書における自然と人間　『北星学園大学社会福祉学部北星論集』第三五号、一九九八年、五三―七八頁

旧約聖書とユダヤ教における食物規定（カシュルート）『宗教研究』九〇巻、二〇一六年、一八三―二〇七頁

旧約聖書における「平和（シャーローム）」の観念　『北星学園大学経済学部北星論集』第二九号、一九九二年、一八三―二〇五頁、同第三〇号、一九九三年、一―二五頁

ナタン預言の成立　佐藤研／月本昭男編『経験としての聖書――大貫隆教授献呈論文集　聖書学論集41』、リトン、二〇〇九年、一三一―一三二頁

申命記史家（たち）の王朝神学　『旧約学研究』第一三号、二〇一七年、一―三六頁

あとがき

本書は、二〇一二年に上梓された『海の奇蹟——モーセ五書論集』（聖公会出版）に続く筆者の二冊目の論文集である。前著が旧約聖書の最初の五つの文書（いわゆる「トーラー」）に関わる論文に限定されたものであったのに対し、今回はもう少し幅を広げ、旧約聖書全体に関わるものも含んでいる。特に最初の「自然と人間」に関わる論文と、三番目の「平和（シャーローム）」に関わる論文は、歴史学や文献学に関わることが多かった筆者の仕事ではやや異色で、旧約聖書の「神学」とも言える内容になっているが、これはそれぞれの論文の成立事情とも関わっている。これに対し、四番目と五番目の論文は、最近の筆者の研究の中心になってきている「申命記史書」に関する文献学的研究で、いずれも古代イスラエルの「王権」に関わっている。

第一論文「旧約聖書における自然と人間」は、並木浩一・荒井章三編『旧約聖書を学ぶ人のために』（世界思想社）に掲載するために書かれた「自然と人間」に基づいており、編者たちから指定されたテーマである。一九九六年頃のことであったと記憶する。筆者はすぐに原稿を提出したのであるが、他の方々の原稿がなかなか揃わず、刊行が大幅に遅れた。この間、勤務する北星学園大学紀要『北星論集』に寄稿する必要が生じたので、注を付けた論文形式に改めたうえで一九九八年に発表したものである。したがって、こちらの方が先に世に出たことになる。ちなみに、すべての原稿が揃って『旧約聖書を学ぶ人のために』が日の目を見たのは、実に二〇一二年二月のことであった。

第二論文「旧約聖書とユダヤ教における食物規定（カシュルート）」は、二〇一六年に日本宗教学会の学会誌『宗教研究』が「食と宗教」の特集を組んだ際に、同誌編集委員会からの依頼を受けて書かれたもので、同誌第九〇号第二巻に、仏教やヒンドゥー教、イスラーム教における食と宗教に関わる他の方々の論考と共に掲載された。内容の骨子は、二〇一六年一一月二三日に慶応義塾大学三田キャンパスで行われた日本オリエント学会第五八回大会で口頭発表された。

第三論文「旧約聖書における『平和（シャーローム）』の観念は、同論文注1にもあるように、一九九一年度に北星学園大学で大学共通科目（一般教養）の枠内で行われた総合講義「国際協力と平和の学際的研究」における筆者の担当講義「旧約聖書における平和（シャーローム）の観念」に基づいており、後に北星学園大学紀要『北星論集』に二回に分けて連載されたものである。この講義が行われた切っ掛けは、憲法学と平和研究の泰斗であった深瀬忠一先生（故人）が一九九〇年、北海道大学を退官後北星学園大学に赴任されたことで、深瀬先生をコーディネーターに、毎回担当者が交代し、それぞれの専門の分野から平和問題について考察する総合講義（チェーンレクチャー）の形で展開された。

第四論文「ナタン預言の成立」は、『新共同訳　旧約聖書注解I』（日本基督教団出版局、一九九六年）の「サムエル記注解」における該当箇所（サムエル記下七章）の釈義を発展させたもので、日本聖書学研究所発行『経験としての聖書――大貫隆教授献呈論文集　聖書学論集41』（リトン、二〇〇九年）に掲載されたものである。

第五論文「申命記史家（たち）の王朝神学」は、二〇一六年一一月三日に同志社大学今出川キャンパスで行われた日本旧約学会秋期大会で会長講演として語られたものに基づく。論文としては、同学会学会誌『旧約学研究』第一三号（二〇一七年）に掲載された。

最近の旧約聖書研究の展開、変化は著しくかつ急速であり、内容的にすでに古びてしまった部分も少なくないかもしれないが、大学の紀要や学会誌等に掲載され、一般的にはアクセスしにくい論文を含む仕事が、このような形でまとめられ、より入手しやすいものとなったことは、筆者にとって望外の喜びである。出版事情の厳しき折に出版を引き受けてくださった教文館の渡部満社長、編集を担われた出版部の髙橋真人氏、組版や校正をお手伝いいただいた北星学園大学卒業生の渡部布由子さんに心からの感謝を記させていただく。

一冊目の論文集である『海の奇蹟――モーセ五書論集』は、当時還暦を迎え、学界活動三〇年を迎えたことを節目に、当時聖公会出版社長であった唐澤秩子氏のお勧めにより出していただいた。それから約一〇年の時が流れ、古希となり長年奉職した北星学園大学を定年退職することになった今年、二冊目の論文集の出版が可能になったことは、北星学園大学での筆者の事実上の後任として数年前に赴任された山吉智久氏の強いお勧めとご助力によるところが大きい。山吉氏は、著者自身が書いたことさえ忘れかけているような論文を丹念に「発掘」し、内容を吟味検討して再録するに値すると判断されたものを集めて、一冊の論文集に編集してくださった。しかも、教文館と出版の交渉まで進めてくださった。紙面を借りて、そのご厚意とご尽力に心から感謝と御礼を申し上げたい。

二〇二二年　札幌にて

山我　哲雄

《著者紹介》

山我 哲雄（やまが・てつお）

1951 年，東京に生まれる。1976 年，早稲田大学第一文学部人文学科卒業。
1985 年，同大学院文学研究科博士課程単位取得満期退学。
1990 年より北星学園大学に勤務，2022 年 3 月に同大学定年退職。
現在，北星学園大学名誉教授。

著書　『聖書時代史　旧約篇』（岩波書店 2003 年），『海の奇蹟――モーセ五書論集』（聖公会出版 2012 年），『一神教の起源――旧約聖書の「神」はどこから来たのか』（筑摩書房 2013 年），『キリスト教入門』（岩波書店 2014 年），『VTJ 旧約聖書注解　列王記上 1～11 章』（日本基督教団出版局 2019 年）など多数。

訳書　W. H. シュミット『歴史における旧約聖書の信仰』（新地書房 1985 年），M. ノート『モーセ五書伝承史』（日本基督教団出版局 1986 年），同『旧約聖書の歴史文学――伝承史的研究』（同 1988 年），G. フォン・ラート『ATD 旧約聖書註解 1　創世記〈上〉〈下〉』（ATD・NTD 聖書註解刊行会 1993 年），T. C. レーマー『申命記史書――旧約聖書の歴史書の成立』（日本基督教団出版局 2008 年），O. ケール『旧約聖書の象徴世界――古代オリエントの美術と「詩編」』（教文館 2010 年），K. シュミート『旧約聖書文学史入門』（同 2013 年），M. ティリー／ W. ツヴィッケル『古代イスラエル宗教史――先史時代からユダヤ教・キリスト教の成立まで』（同 2020 年）など多数。

旧約聖書における自然・歴史・王権

2022 年 6 月 30 日　初版発行

著　者　山我哲雄
発行者　渡部　満
発行所　株式会社　教文館
〒 104-0061　東京都中央区銀座 4-5-1
電話 03(3561)5549　FAX 03(5250)5107
URL http://www.kyobunkwan.co.jp/publishing/
印刷所　株式会社　平河工業社

配給元　日キ販　〒 162-0814　東京都新宿区新小川町 9-1
電話 03(3260)5670　FAX 03(3260)5637

ISBN 978-4-7642-6165-5　　Printed in Japan